JN036215

進撃の「ガチ中華」

中国を超えた？　激ウマ中華料理店・探訪記

近藤大介

KODANSHA

進撃の「ガチ中華」

中国を超えた？　激ウマ中華料理店・探訪記

目次

カバー・章扉イラストレーション　霜田あゆ美
ブックデザイン　赤波江春奈＋日下潤一

青、青、青

「青の世界」が広がっている

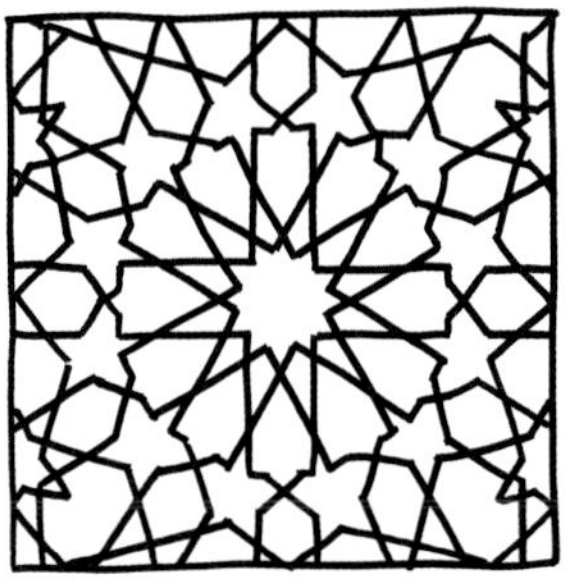

1

回族「おふくろの味ラーメン」

西北

夜の

東京・池袋駅西口繁華街。かつて「ミニ歌舞伎町」と称された一帯は、コロナ禍によって、居酒屋も風俗店も、一軒また一軒と姿を消していった。通りがうら寂しいこと、この上ない。

というのはウソで、相変わらず夜のネオンが煌《きら》めいている。代わって「ガチ中華」の店が、雨後の筍《たけのこ》のように誕生しているからだ。その数、すでに100軒以上。今日も一軒、明日もまた一軒と、難解な漢字のネオンが増えていく——。

「ガチ中華」とは、誰が付けたからうまいネーミングで、「ガチンコ中華」の略だ。すなわち「中国人が中国人客のためにオープンした中華料理店」のことを意味した。「店内言語」は、基本的に中国語。だが最近は、日本人客も足を運ぶので、「本場中華の素のままの味を提供する中華料理店」と定義した方が正確と思う。

実際、日本人が入っても構わない。ぼったくられることもない。むしろ「熱烈歓迎」である。なぜなら一般に、中国人客は食べることに専念するが、日本人客は酒をガンガン注文してくれるからだ。

中国ウオッチャーの私としては、このところ訪中もしておらず、いささかストレスが溜《た》まっているので、夜な夜な「ガチ中華」の店を彷徨《ほうこう》している。

ただ、「ガチ中華」と言っても玉石混淆《こんこう》で、時には一口、二口で店を出てしまったこともある。確率で言うなら、8割方はハズレである。中国生活が長かったせいか、中華の味にはウルサイのだ。

そんな中で、「真好吃《ジェンハオチー》（実に旨い）！」と太鼓判を押せる「ガチ中華店」だけを、本書で紹介していく。さあ、「ガチ中華の旅」へのスタート――。

西池袋に広がる「青の世界」

「**アリヤ清真美食**（**阿麗婭**《アリヤ》）」の店内に足を踏み入れると、壁紙から100席以上ある椅子に至るまで、青、青、青。

そこには、イスタンブールのトプカプ宮殿のような「青の世界」が広がっている。青はイスラム教の「聖なる色」であり、「回族《フイズー》」が好む中国大陸の突き抜ける青空、そして涼しさの象徴でもある。

「回族」とは、中国に暮らす55の少数民族の一つ。イスラム教徒だが、日本でよく知られたウイグル族とは異なる。

8世紀中葉の盛唐期、首都・長安（現・西安）は、100万人が暮らす世界最大の都市で、そのうち約10万人が外国人だった。そこには当時、出来たてホヤホヤのイスラム教を信じるアラブ人やペルシャ人（イラン人）が多数居住していた。

ササン朝ペルシャ（西暦226～651年）の最後の王、ヤズデギルド3世が殺害された後、王子たちが亡命政府を築いたのも長安だった。ちなみに、その王族の一部が、遣唐使の帰国船に乗って訪日し、彼女たちを描いたのが日本最古の物語『竹取物語』だという有力な説がある。孫崎享《うける》元駐イラン大使夫人でイラン史研究家の孫崎紀子氏は、『「かぐや姫」誕生の謎』（現代書館　2016年）で、この説を検証している。

ともあれ、長安のアラブ人やペルシャ人らは、漢族の女性を娶《めと》るなどして、中国に定住していった。彼らこそが「回族のルーツ」である。

続いて、13世紀にモンゴル帝国がユーラシア大陸全体を席巻すると、やはり多数のアラブ人、ペルシャ人、中央アジア系のイスラム教徒たちが、中国に逃亡、帰化してきた。結局、中国自体がモンゴル帝国（元王朝）に支配されるのだが、回族は中国全土に散って生き存《なが》らえた。

さらに明や清の時代にも、イスラム教徒の流入があって、回族は増加していく。

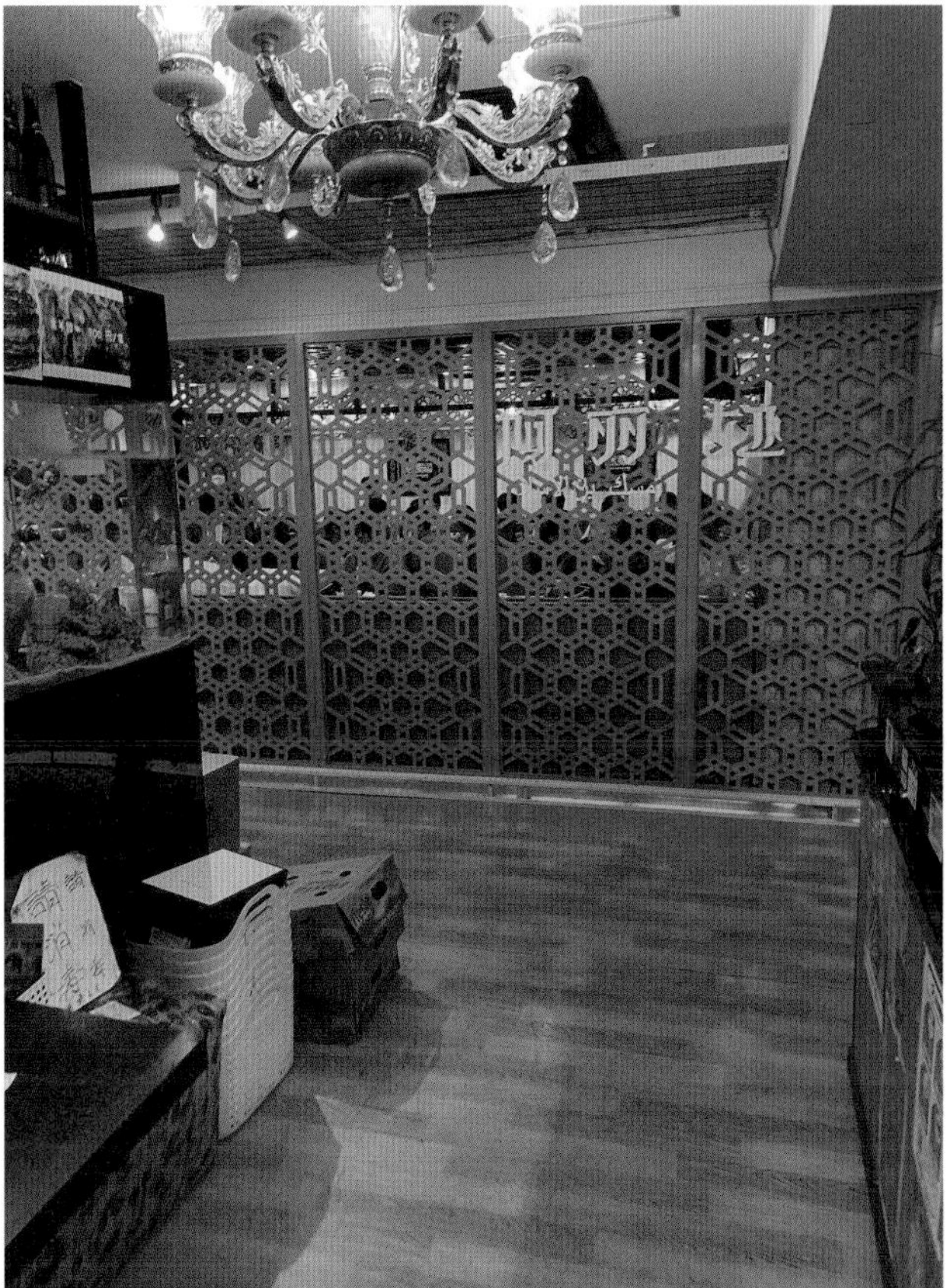

青色で統一された清潔な店内

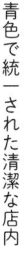

2023年の中国国家統計局の資料によれば、回族の総人口は1210万人。漢族以外の少数民族の中では、壮族《ジュアンズー》（チワン族）に次いで「多数派」だ。

そんな回族のレストランには、「清真《チンジェン》」の2文字が貼られている。「ハラル料理」の意だ。つまり、イスラムの教えを守って、絶対に豚肉を使わない。

だが、イスラム教徒の回族でも、人によっては酒を飲む。また、アラビア語などとっくに忘れてしまい、中国語を母語としている。そうしたことから、中国で約9割を占める漢民族と、バリバリのイスラム教徒であるウイグル族（約1045万人）の、ちょうど中間のような存在なのだ。

そんなイスラム文化と「清真」について、「阿麗婭」の入り口にも、中国語で説明書きがしてあった。日本語に訳すとこんな具合だ。

〈中国の「清真」の飲食は、中国のイスラム食を指し、それはイスラム教の教えに合致した食べ物の総称である。「清真」は、中国の回族のムスリムがイスラム教に対して使う専門用語で、一般には「清真寺」「清真飯店」などの固有名詞に使われることが多い。（中略）

宋と元の時期、イスラム教に対する決まった中国語訳はなかった。後年、イスラム学者たちがイスラム教の信仰を真の主とし、清潔な教義を崇《あが》めた。そのため「清真」という言葉を多用し、「清浄」などの訳でイスラム教やモスクを称するようになった。舌先の「回」の味は、ムスリムの特色ある「清真」の美食なのだ……〉

講釈はもうよい、腹が減った！

ギトギト脂料理には青島啤酒がよく似合う

だだっ広い「青の世界」は、ほぼ満席で、入り口近くの長椅子席に通される。

とりあえず「**青島啤酒**《チンダオピージウ》」（**青島ビール**）と、中華冷菜ツマミの定番「**果仁菠菜**《グオレンボーツァイ》」（**ほうれん草のナッツ和え**）を注文。分厚いメニューを眺めているうちに、それらがサッと供された。

「ほお、デカ！」

かくも大皿に盛られた「果仁菠菜」は、東京で初見参である。ほうれん草とタマネギが、こってりしたイスラム醤油と絡まり、さらにピーナッツが被る。この一皿だけ食べても、腹一杯になりそうだ。

「おお、デカ！」——今度は、斜《はす》向かいでかっ喰らっている「お一人様」の大男に供せられた羊肉料理が目に入った。「お一人様」同士のよしみ（？）で声をかけたら、意外に気のいい中国人青年だった。

「自分ね、日本で格闘技やってんすけど、週に1度は故郷の羊肉食いたくなって、自然とここ来ちゃうんすよね」

彼の語り口（中国語）を日本語に訳すと、そんなニュアンスだ。

その横は、中国人のOL3人組。さっきから互いにスマホを翳《かざ》し合っている。話しているのは、「小紅書《シァオホンシュー》」（RED＝中国版インスタグラム）に出ていることばかりだ。

左側の奥手は、アラブ系の10人家族が、ドカッと占拠していた。店員に聞くと、常連のUAE（アラブ首長国連邦）人なんだとか。後には、マレーシア人の5人組も入店した。「清真」のマークがあると、中国人以外のイスラム教徒からもご贔屓《ひいき》にされるのだ。日本で暮らすイスラム教徒は20万人以上に上る。

イスラム中華の定番、「**羊肉串**《ヤンロウチュア》」（**羊肉の串焼き**）が3本届く。「本当にたった3本でいいんですか？」——可愛らしい女性店員が目をクリクリさせて確認してきた。斜向かいの格闘技青年は、軽く10本を平らげていた。

大皿に盛られた冷菜「果仁菠菜」

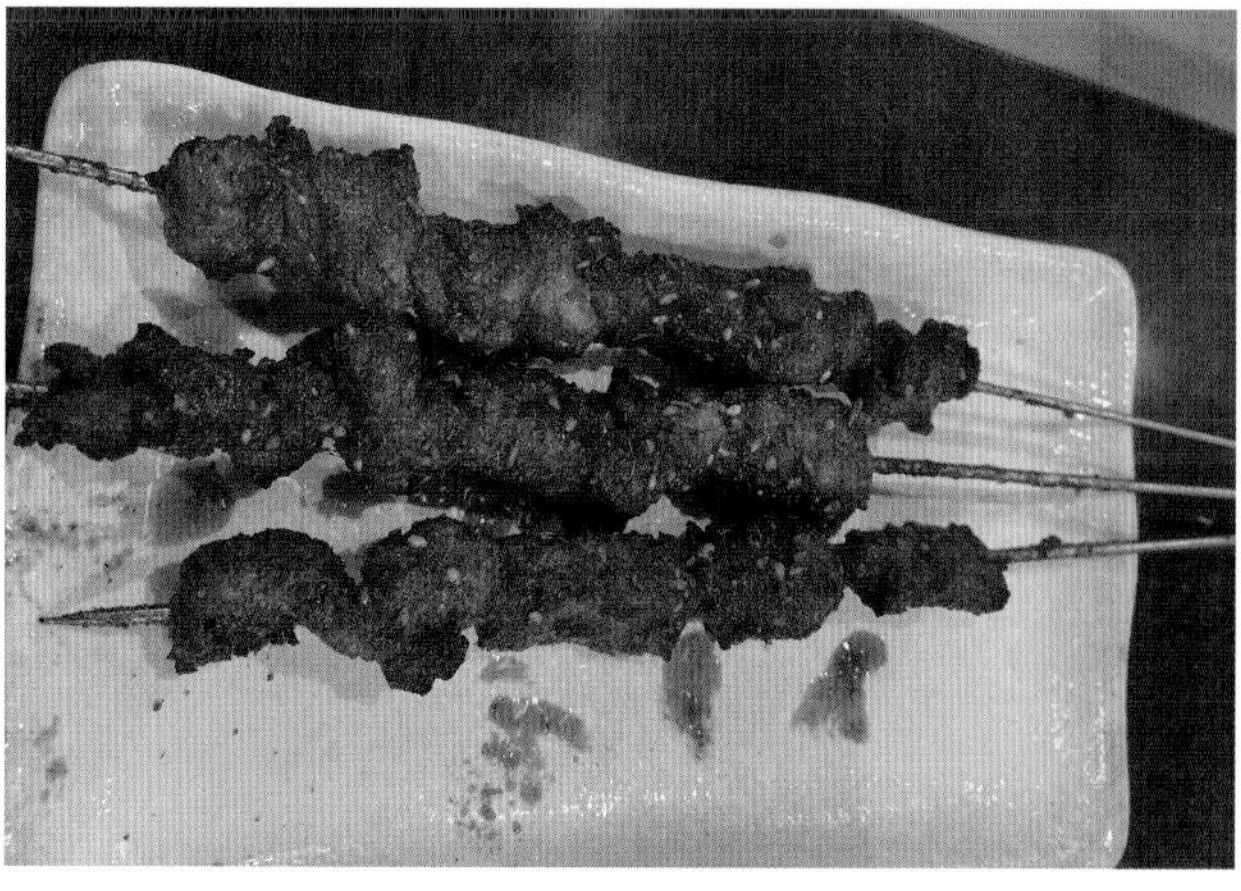

イスラム中華の定番「羊肉串」

その彼に薦められた「滷水羊肝《ルーシュイヤンガン》」（ラムレバーのニンニク和え）を追加注文する。鶏レバーや牛レバーは普段、口にするが、ラム（羊）のレバーとは……。

だがこの料理が、「青島啤酒」と合うこと！

一つ申し上げたいことがある。それは、「ガチ中華」に日本の生ビールは御法度だということだ。

日本の生ビールは、会席料理などの和食をいただく時に喉《のど》を潤《うるお》す飲料であって、脂っこい中華には、爽快な「青島啤酒」こそがマッチする。私は以前、山東省青島で本場の工場直送「青島啤酒」を飲んで、そのことを確信した。まさに「麦の味」がして、中華の脂を優しく包み込んでくれた。いわば中国茶の代わりですな。

美味！「あぶらラーメン」

さて、主食の1皿目、「羊肉紅蘿蔔水餃《ヤンロウホンルオボシュイジアオ》」（ラム肉人参入り水餃子）が届く。冷菜の「果仁菠菜」の残り醤油に浸して、パクリ。

おお、何とも胃にズシリと来るラム餃子。これぞ中国内陸部の「風格」というものだ。

続いて、主食2皿目の「**油潑刀削麺**《ヨウファーダオシアオミエン》」が供された。皿の青と、麺の黄、野菜の緑、香辛料の赤という4色揃い踏みだ。

メニューでは、「**あふらラーメン**」と訳されていた。きっと「油《あぶら》ラーメン」と書きたかったのだろう。誤記である。

だが別に、「あぶら」でも「あふら」でもよい。いっそ「アフララーメン」として売り出してはどうか。

とにかく絶品なのだ。茹《ゆ》でた麺と底部のイスラム醬油とが、絶妙に絡み合い、日本で食されているどのラーメンの味とも異なる。「アフララーメン」がダメなら、「回族おふくろの味ラーメン」と呼びたい。

「吃飽了嗎《チーバオラマ》？」（お腹いっぱいになりましたか）――女性店員が声をかけてきた。

「当然《タンラン》！　這麼《チェマ》好吃《ハオチー》的《ダ》各種《グージョン》菜《ツァイ》……」（当然ですよ、こんなにもおいしい料理の数々……）

――私の答えなど最後まで聞かずに、彼女はもう踵《きびす》を返していた。

と思いきや、また何やら抱えて戻ってきた。「これはサービスです」

パイナップルひと山！　見ると、どのテーブルにも出している。

珍しいラム肉の水餃子はズシリと腹にたまる一品

「油潑刀削麺」は日本のどのラーメンとも異なる味付け

こうした「デザートの振る舞い」は、かつて中国国内のレストランの佳《よ》き習慣だった。だが、物価高やコロナ禍などで、本国ではもはやそんな余裕はなくなった。それがどっこい、東京の「青の世界」では、今日も続いているのである。

そう言えば、メニューを繰っていて、気になった料理が一品あった――「**葱焼牛鞭**《ツォンシャオニウビエン》」。

雄牛の○○○。気恥ずかしくて、私には訳せません。

次回頼もうか、いや頼まないだろうな……。

アリヤ清真美食（**阿麗婭**）◆東京都豊島区西池袋1-43-3　2F

2

四川

本物の麻婆豆腐は「尻で食べる」

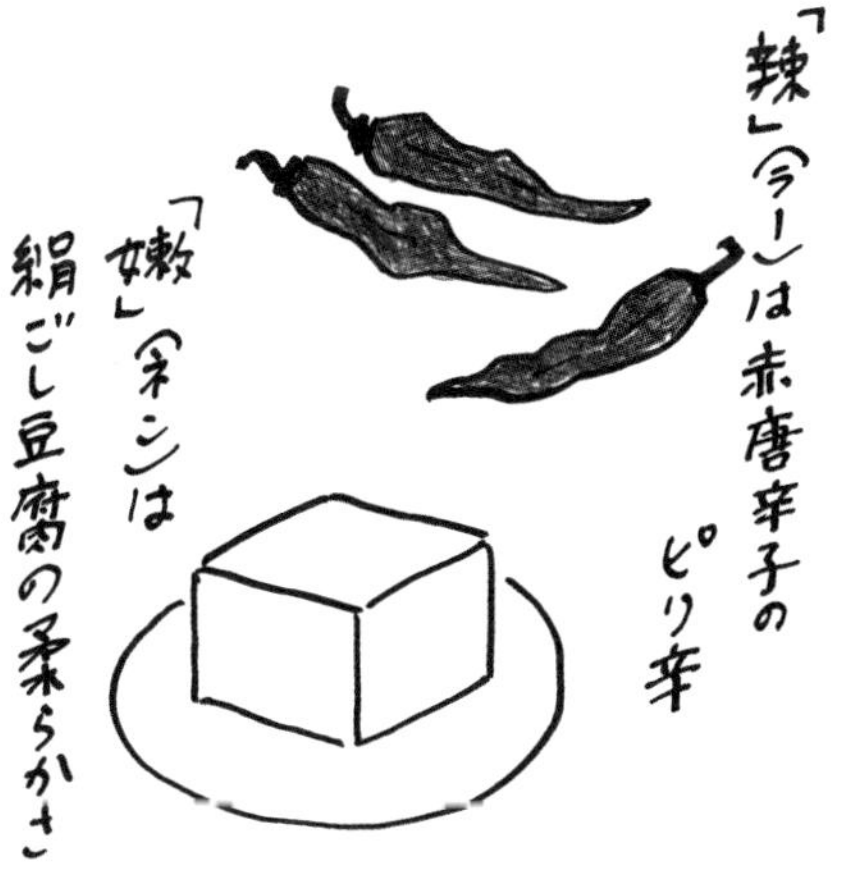
「辣」(ラー)は赤唐辛子のピリ辛
「嫩」(ネン)は絹ごし豆腐の柔らかさ

今宵《こよい》は、麻婆豆腐を巡る旅である。

東京・池袋駅西口。ここには、東京最大の売り場面積（約8・3万㎡）を誇る東武百貨店が鎮座《ちんざ》している。

東武百貨店がこのスタイルに大改装を行ったのは、いまから30年以上前の1992年のことだ。主導したのは、「百貨店経営の神様」こと山中鏆《かん》社長。その時、一つの新機軸を打ち出して物議を醸《かも》したことは、いまはもう忘れ去られている。

それは日本のデパートで初めて、中国語の館内放送を始めたことだった。当時は、蛇頭《じゃとう》と呼ばれる地下グループが中国人の不法入国者を、次々に日本へ送り込んで社会問題になっていた。その3年前には、民主化運動を徹底弾圧した天安門事件が起こっていた。どう見ても、中国人と高級デパートは結びつかなかったのだ。

だが、山中社長はひるまず、こう主張した。

「21世紀に入れば、中国人の客がたくさん訪れ、もしかしたら日本人客よりも商品を買ってくれるかもしれない。そのことを思えば、中国語の館内放送を始めるのは、しごく当然のことだ」

当時、誰一人信じていなかったであろう山中社長の「予言」は、2010年代半ばに中国人の「爆買い」ブームが起こって、見事に的中した。いまでは、どのデパートでも中国語の館内放送は当たり前になっている。

そんな池袋の東武百貨店の12階に、著名な陳建一シェフの「四川飯店」が入っている。ランチやディナー時には、老若男女の日本人客たちが、舌鼓《したつづみ》を打っている。私も何度となく訪れたことがあるが、ここの料理は日本人の口に合わせた、いわば「和風中華」だ。それでも、名物料理である麻婆豆腐は、常に一番人気を誇っている。

実は、麻婆豆腐を日本にあまねく広めたのは、陳建一シェフの父親で、「日本の四川料理の父」と仰がれた陳建民シェフである。東京・赤坂に「四川飯店」を出し、NHK『きょうの料理』で、そのレシピを開陳した。番組を見た私の母が、陳シェフをまねて必死にトライしていたのを、少年時代に記憶している。

しかしながら、麻婆豆腐は陳建民シェフの発明品ではない。彼もまた、「本家」をまねたのだ。

では、本家はどこにあるのか？　それは、中国四川省の省都・成都《せいと》にある。いや、「あった」と言うべきか。

麻婆豆腐を生んだ伝説の食堂

私はいまから約30年も前に、成都の「陳麻婆豆腐」を訪れた。地元出身の中国メディアの知人が案内してくれたのだ。

当時は、まだ成都人しか行かない旧態依然とした店構えだった。それが、遠く日本から客が来たというので、わざわざ厨房《ちゅうぼう》にある「秘蔵の大甕《おおがめ》」を見せてくれた。

それは人の背丈より大きな甕で、古参のコック曰く、

「これは陳老婆本人が実際に調理に使っていた甕で、いままで一度も洗ったことがない。それで、伝統の味が沁《し》み出てくるのだ。そのため本物の麻婆豆腐は、この甕からしか作れない」

清朝末期の同治元年、西暦に直すと1862年（日本の明治維新の6年前）、成都の北郊・万福橋のたもとに、「陳興盛飯鋪《チエンシンシエンファンプー》」という食堂があった。田舎から家出同然で出てきた若い陳夫婦が切り盛りしていた。

だがある日、夫の陳富春《ちんふしゅん》氏が、眼前の川の向こう岸まで行く渡り舟に乗っていて、

舟が転覆。川へ投げ出されて、溺死《できし》してしまった。

悲しみに暮れた陳夫人だったが、細腕一つで店を続けることにした。彼女は頬《ほお》に「麻子《マーズ》」（あばた）があったので、「陳麻婆《チェンマーポ》」（あばたの陳おばさん）と、舟乗りの常連客たちから言われていた。

ある晩、店を閉めようとした時、若い舟乗りが飛び込んできて、何か食わせてほしいという。もうロクな食材が残っていなかったので、豆腐や挽肉《ひきにく》などの具材を調理し、「賄《まかな》い飯」を与えた。

すると、舟乗りはその味に感動し、仲間たちに触れて回った。それで他の舟乗りたちも、「同じ料理を出してくれ」とやって来た。そして誰もが感動。いつしか成都の富裕層までわざわざ食べに来るようになり、その料理は「**陳麻婆豆腐**《チェンマーポードウフ》」と呼ばれた。

陳麻婆は、１９３４年に他界した。だが麻婆豆腐は、四川料理を代表する名菜となって、中国及び世界に広まっていった——。

私は成都の陳麻婆豆腐で、本家の麻婆豆腐をいただいた。その味は、東京の四川飯店で食べ慣れていたものとは、似て非なるものだった。

圧倒するような重量感で、色は「赤」でなく「こげ茶」。そしてひと匙《さじ》、口に入れたとたん、舌に痺《しび》れが来た。

食べ進めるうちに、こってり感のある痺れは、食道から胃に伝わり、腸を経由して、最後は尻に来た。

「麻婆豆腐には白飯が合う」と主張する日本人が多い。だが本場モノは、ウイスキーのCMのセリフではないが、「何も足さない、何も引かない」。もうこれ一品で、十分腹一杯という代物だった。

その時、私は一つの発見をした――「四川料理は尻で食べる」。

爾来《じらい》、ドイツの詩人カール・ブッセが詠《うた》ったように、「山のあなたの空遠く『幸《さいわい》』住むと人のいう～」の世界である。すなわち私は、あの味を探し求めて、日本各地を彷徨《さまよ》ったのだった。

だが、どこへ行っても「涙さしぐみかえりきぬ」（同詩）。つまり、本場を思い起こすような麻婆豆腐には、ついぞ出会えなかった。

それが最近になって、東京在住の四川人の知人曰く、

「成都より旨《うま》い麻婆豆腐の店が、池袋にあるのを発見したぞ」。

『逸品火鍋』の麻婆豆腐。池袋で見事に「本家の味」が再現された

ガチ中華で最初に頼むべき料理とは

教えてくれたのは、「**逸品火鍋**《イーピンフオグオ》」という店だった。四川飯店から目と鼻の先にある「池袋ガチ中華エリア」の一角ではないか。まさに灯台もと暗し。

狭いエレベーターで4階へ上がると、人は見えぬが、「歓迎光臨！《ホアンイングアンリン》」（いらっしゃいませ）と男女の声がこだまする。左折すると、40席ほどの店内は、若い中国人たちでビッシリ。いまどきの「一人っ子世代」は、ピリ辛の味に目がないのだ。

店を開けて10年以上経つというから、「ガチ中華の老舗《しにせ》」である。オーナーは四川人ではなく、東北人なのだとか。「でも四川料理は、本場の四川人シェフが作っています」（店員）

麻婆豆腐だけ頼んでも寂しいので、冷菜の「**焼椒皮蛋豆腐**《シャオジアオピーダンドウフ》」（**皮蛋豆腐の焼き唐辛子ソースかけ**）も注文する。

周囲を見渡すと、隣席は若い中国人カップルだった。4人掛けの席に、向かい合わずに隣り合って座っている。机の下ではがっちり手を握り合い、ラブラブだ。

会話を聞いていると、二人はそれぞれ別の日本企業で働いているようだった。彼氏は大連の出身で、彼女は都江堰《とこうえん》出身と思われる。都江堰は成都の北西郊外の街で、一度訪れたことがある。古代中国の水利技術の粋《すい》を集めた「堰《せき》」は、一見に値する。2011年夏には、当時のジョー・バイデン米副大統領（現大統領）も、習近平副主席（現主席）と共に訪れている。

焼椒皮蛋豆腐が先に運ばれてきた。豆腐をピラミッドのように立て、そこに**皮蛋**（ピータン）を刻んでまぶし、ピーナッツバターの甘辛ソースをかけ、**香菜**《シアンツァイ》（パクチー）と白胡麻を振ってある。

豆腐を待つ間に豆腐を食するというのは愚行《ぐこう》だが、これがまた美味なのだ。つい箸を進めるスピードが上がる。

余談ではあるが、初めて入った「ガチ中華」の店では、まず皮蛋豆腐を注文してみることをお勧めする。中華における皮蛋豆腐とは、寿司屋における「玉《ぎょく》」のようなものので、その店の「風格」が窺《うかが》い知れる。つまり、簡単な料理にも手間暇をかけているかどうかの差が、如実《にょじつ》に表れるのだ。

失われた麻婆を探す旅は続く

さて、いよいよやって来ました、麻婆豆腐。いい色合いだな。

これも「本場」で教わったことだが、本物の麻婆豆腐には「八美《バーメイ》」（8つの美）が備わっている。漢字で書くと、「麻・辣・燙・香・酥・嫩・鮮・活」である。

「麻《マー》」は「**花椒**《ホアジアオ》」（**中華山椒**）の痺れ。「辣《ラー》」は赤唐辛子のピリ辛。「燙《タン》」は熱さ、特に豆腐のホット感。「香《シアン》」は「花椒」その他の香り立つ匂い。「酥《スー》」は挽肉のサクサクした歯ごたえ。「嫩《ネン》」は絹ごし豆腐の柔らかさ。「鮮《シエン》」は食材の新鮮さ。そして「活《フォ》」は、豆腐を崩さない活き活きとした盛り付けである。

逸品火鍋の麻婆豆腐には、確かに「八美」が備わっていた。「陳麻婆豆腐」の伝統の味を受け継ぐ正統派だ。

その証拠に、東京で初めて「尻」が反応した！

隣席にも、同時に麻婆豆腐が供された。すると、カップルが匙《さじ》で豆腐を掬《すく》い、「ア〜ン」と言って互いの口に持っていき、食べさせ合っている。神聖な麻婆豆腐を、そん

皮蛋豆腐を食べるとその店の「風格」が分かる

な食べ方しなさんな（涙）。

そう言えば、本場の「陳麻婆豆腐」は、今世紀に入ってお家騒動が勃発。別の企業の手に渡ってしまった。いまも名は遺《のこ》し、派手にチェーン展開しているが、数年前に訪れた時、その味には幻滅させられた——。

逸品火鍋◆東京都豊島区西池袋10-39-10　4・5F

麻婆豆腐の名店「逸品火鍋」は、2023年11月20日をもって閉店した。再び「尻が反応する麻婆豆腐」を求めて放浪中である。

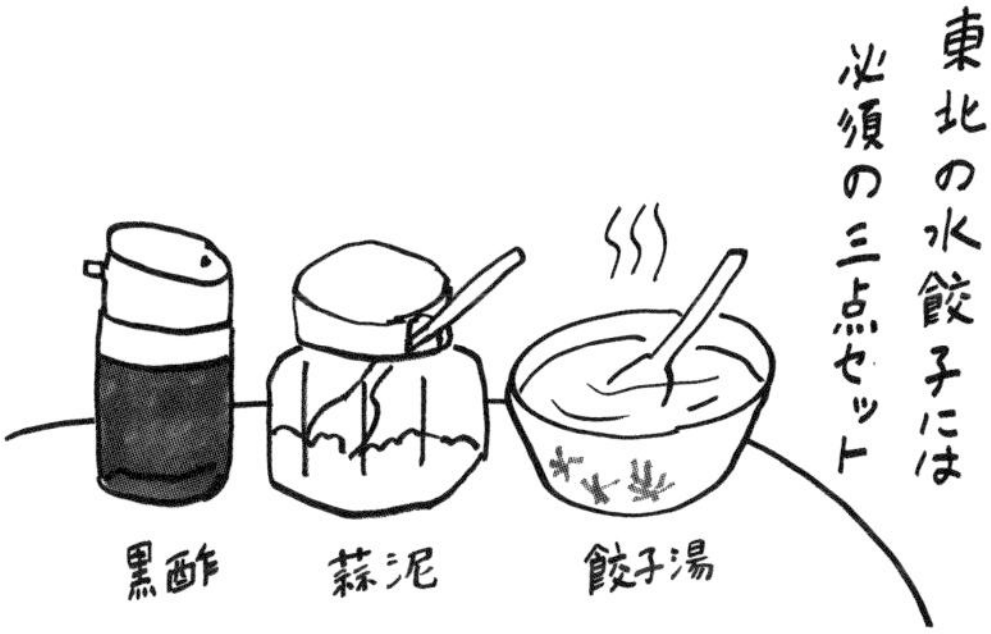
東北の水餃子には
必須の三点セット
黒酢
蒜泥
餃子湯

3

餃子親方の「豚肉ウイキョウ餃子」

東北

テレビのニュースを見ていたら、今日は「餃子の街」宇都宮で、「餃子祭り」が開かれているのだとか。毎年11月の第1土曜日と日曜日が「餃子祭り」で、全国から15万人もの餃子ファンが集まるという。2016年には「全国餃子サミット」まで開催しているのだ。

実は宇都宮の餃子は、私にとっても因縁がある。2022年の夏休み、「ガチ中華」の連載を始めるきっかけになった町だからだ。まずは、その話から始めよう。

なぜ宇都宮は餃子の街なのか？

栃木県の県庁所在地・宇都宮市の人口は約51万人（2024年）だが、市民たちは毎日、家で作ったり、店に食べに行ったり、出前を注文したりして、餃子を食べている。「宇都宮市民に餃子を語らせたら、朝まで話し続ける」と言われるほどだ。

そうした話を聞き及んで、人後に落ちぬ餃子ファンである私は、東京からコトコトと電車に揺られて1時間半ほど、宇都宮へ行ってきた。

宇都宮駅の駅前広場に降り立って、まず驚愕《きょうがく》！

一般に日本の都市の駅前広場というのは、中国やヨーロッパと違って、没個性的なことこの上ない。ぐるりと見渡すと、銀行、コンビニ、マック、スタバ、吉野家、それにパチンコ屋などが目に入ってくる。A駅で降りてもB駅で降りてもC駅で降りても同じ。まことに文化の香りもない。

それが宇都宮駅の駅前広場は、見渡す限りの餃子店！　しかも昼時のせいか、どの店にも行列ができているではないか。

一般に経済学の原理からすれば、競合店が近くにないことが、出店の条件となる。例えば、あるレストランチェーン店では、半径3㎞圏内に競合店がないことを、出店の条件にしているという。こうした掟《おきて》を破って、近接して店舗を拡大していった「いきなり！ステーキ」は、大赤字に陥ったあげく、2022年8月に創業者のCEOが辞任した。

ところが宇都宮は、駅前から餃子店が溢《あふ》れているのに、どの店も繁盛しているように映った。「宇都宮餃子会」なる団体まであって、86店舗も加盟している（2024年4月現在）。市のホームページにはこう書かれている。

〈宇都宮の餃子は、焼、揚、水などの種類があり、店舗によって大きさや素材、皮の

厚さや熟成度、包む具合やはねの大きさ、つけだれなどが異なり、さまざまな種類を楽しむことができます〉

そこには、「宇都宮餃子の歴史」も記されていた。

〈宇都宮が餃子のまちとなったのは、市内に駐屯していた第14師団が中国に出兵したことで餃子を知り、帰郷後広まったことがきっかけです。また、宇都宮は夏暑く冬寒い内陸型気候のため、スタミナをつけるために餃子人気が高まったとも言われています〉

やはり、中国が関係していたのだ。日本の餃子の歴史は、ラーメンの歴史と同じで、「かつて中国で食したあのうまいものを、日本でも食べたい」という欲求から始まったのである。

宇都宮餃子会に加盟している86店舗は、それぞれの店の餃子について、4つの区分けが明示してある。すなわち、「野菜と肉の比率」「皮の厚み」「大きさ」「ニンニクの量」である。

例えば、私が入った「宇都宮餃子館」の場合、「野菜と肉の比率」は7：3で、「野菜が多い餃子」に区分される。また「皮の厚み」は0・75㎜で、7段階で2番目の薄さだ。「大きさ」は20gで、7段階で真ん中の4番目。同様に「ニンニクの量」は、7段階で5番目、つまりやや多めだ。宇都宮人のこだわりたるや、げに恐るべし！

宇都宮市民の「餃子愛」も目撃した。近くの席で、地元の若いカップルが対面して座り、狭いテーブル一杯に餃子を並べていた。両者とも着飾っていて、青年はこの餃子店の客で唯一、背広を着てネクタイを締めていた。何となく緊張感が漂っているのも、他のテーブルと雰囲気が異なっていた。

生ビールをぐいっと飲み干した青年は、意を決したように彼女に告げた。

「ぜひボクと、結婚を前提に付き合って下さい！」

向かい合った女性は、うっすらと目に涙を浮かべながら、黙って肯《うなず》いた。

何と餃子店が、「告白の場」になっていたのである。私も胸の内で祝福の拍手を送ってから、餃子を頬張った。

そんな「餃子の旅」だったが、私には一抹の違和感も残った。まず、宇都宮の餃子の中心は、当然ながら焼き餃子だが、本場の中国では一般に、餃子と言えば水餃子を指す。

焼き餃子は、年配の中国人にとっては、「残り物を2日目に焼いたもの」という認識なので、驚きを隠せない。かつ中国では餃子は主食なので、餃子定食のように白飯と餃子を同時に出されると、目が点になってしまう。

そんなことを想いながら、宇都宮で餃子をつまんだ。そして、帰路の車中で決意したのだ。「東京に立ち並び始めた『ガチ中華』を題材に、毎月1店舗ずつ探訪記を書こう」

そうしてニュースを扱うウェブメディア『現代ビジネス』で始めたのが、「近藤大介『ガチ中華』の旅」シリーズだった。

餃子作り一筋31年の親方の味

というわけで、ここからは「ガチ餃子」の話である。東京でホンバモノの餃子を出しているのが、新大久保の「**兆奎餃子**」だ。

この店を教えてくれたのは、私が週に一度、「東アジア国際関係論」の授業を担当している明治大学国際日本学部で、受講している中国人留学生だった。

「先生、『東北人《ドンベイレン》』（中国東北地方出身者）の私でも舌を巻く、本場の餃子屋ができたん

ＪＲ山手線の新大久保駅から歩いてすぐの場所に位置する

王海峰師傅の〝餃子工房〟

です。ぜひ一度行ってみて下さい」

「ふうん……」

何度かその留学生と、こんな会話を繰り返したが、私は忙しさにかまけて無視していた。するとある時、彼がまたやって来た。

「先生、これを食べてみて下さい」

何と、実物の餃子を持参したのである。私はその場で一口つまんで、唸《うな》った。

「こりゃ、確かに旨い！」

そして早速、その日の授業が終わって駆けつけたのだった。以来、中国本場の餃子が食べたくなると、「兆奎餃子」に足を運ぶ。

この店の客の主流は、ランチ時は、日本語などを学ぶ若い中国人留学生たちである。夜には中国人の社会人もやって来る。特に、日本人が戦前に「満州」と呼んでいた東北地方の出身者が多い。

そもそも日本人は、「兆奎」という店名が読めない人も多いのではないか。あえて音読みすれば「チョウケイ」。ちなみに中国語読みだと、「ジャオクイ」だ。

「なんでこんな読みにくい店名にしたんですか？」

初めて足を運んだ時、「老板娘《ラオバンニャン》」（女性店長）の鄒暁雪《すうぎょうせつ》さんに聞いてみた。すると、明朗快活な彼女の顔が、ポッと赤らんだ。

「実は私の『老公《ラオゴン》』（夫）の名前が、尹兆奎《インジャオクイ》なんです。この近くで、美容室を経営しています」

店名に夫の名前を付けるなんて、何と愛らしい。

彼女は、１９９８年に東北地方の名門校・大連外国語大学日本語学部を卒業し、日本に留学にやって来た。そして同郷の美容師と知り合い、結婚。当初は夫の美容室を手伝っていたが、９年前に中華料理店「朋来聚《ポンライジュイ》」を開いた。

コロナ禍でいったん店を閉じ、２０２１年3月に再開。その際、店名を「兆奎餃子」に改めたのだ。

なぜ「餃子屋」にしたのか？　それは、瀋陽《しんよう》で名高い「餃子師傅《ジアオズシーフ》」（餃子作りの親方）の王海峰《おうかいほう》氏をヘッドハンティングすることに成功したからだ。王氏が語る。

「私は15歳でこの道に入ってから、いま46歳になるまで、餃子作り一筋31年。この店では、一日に７００～８００個の餃子を作っている。

見ての通り、小麦粉の塊《かたまり》をこねるところから、すべて手作り。具材たっぷり、皮もっちりが、私の餃子の特長さ」

小柄な王師傅が餃子を作るオープンキッチンが、店の入り口右手に設置されている。それはキッチンというより、「工房」である。その素早くて無駄のない手つきは、寿司職人の「名人芸」に通じるものがある。

それで、注文である。前述のように中国では、餃子は「主食」であって、おかずではない。かつ餃子の「王道」は、あくまでも水餃子である。水餃子を数種類頼めば、あとはおかず1品か2品で済む。

「兆奎餃子」では一応、客の好みに合わせて、水餃子、蒸し餃子、焼き餃子に調理する。だが周囲を見渡すと、中国人客たちは圧倒的に、水餃子を注文している。

この日は、10種類ある餃子の中から、「**肉三鮮餃子**《ロウサンシエンジアオズ》」（**豚肉・エビ・玉子・ニラ入り餃子**）と「**鮮蝦餃子**《シエンシアジアオズ》」（**豚肉・エビ・ネギ入り餃子**）を注文した。だが、ふと思い立って、メニューに出ていない餃子を、王師傅に中国語で訊ねてみた。

「『**猪肉茴香餃子**《ジューロウフイシアンジアオズ》』（**豚肉ウイキョウ入り餃子**）はできますか？」

すると王師傅、「有《ヨウ》、好的《ハオダ》！」（あるよ、分かった）と、軽快に答えた。「猪肉茴香餃子」は、北京っ子が好きな餃子だが、まさか東京で食べられるとは思わなかった。

身体が温まる「餃子湯」

3種類の野菜が絶妙なハーモニーを醸す「地三鮮」

もう一つ、メニューに載《の》っていないものを訊ねた。「**餃子湯**《ジアオズタン》」（餃子スープ）である。中華料理では、俗に「原湯化原食《ユエンタンホアユエンシー》」と言う。「もとの湯はもとの料理を消化する」という意味だ。体内で餃子をよく消化するのに、餃子スープに如《し》くはないのだ。

特に東北地方では、極寒の冬場に、水餃子を作るのに使ったお湯をスープとして飲んで、身体を温める習慣がある。決して味のあるスープではないが、効能は多いのだ。

「有、好的！」

王師傅が二度目の相槌《あいづち》を打った。

ガチ中華の餃子に必須の3点セット

おかずには、「**地三鮮**《ディサンシエン》」を注文した。東北地方の家庭料理で、直訳すると「**大地の3種類の新鮮な野菜**」。

ナスとピーマンとジャガイモの炒めで、典型的な「**東北菜**《ドンベイツァイ》」（**東北料理**）の一つだ。

この料理が旨い東北料理店は、何を食べても旨いというのが、東北じゅうを旅して歩いた私の心象である。

中国では「東北菜」と言うと、一般に「大皿で塩辛くて、大雑把な料理」というイメージがある。だが少数の名店では、改革開放政策の総設計師と仰《あお》がれた鄧小平《とうしょうへい》氏の口癖ではないが、「大胆にして繊細《せんさい》」。それは「地三鮮」を食すると分かるのだ。

そんな「地三鮮」が供された。赤ピーマンと青ピーマンが混ざっているのが目につき、箸《はし》で交互に摑《つま》む。どちらも芯まで柔らかい。

続いてナス。好い加減に火が通っていて、舌をさすってくるような触感だ。

最後はジャガイモ。こちらは薄切りで、ホクホクである。中国語で「三合一《サンフーイー》」（3つのものが溶け込む）という言葉があるが、その言葉どおり絶妙の塩加減と炒め具合で、大皿の上に収まっていた。

さてさて、お目当ての餃子が運ばれてきた。湯気が立っていて、見るからに旨そうだ。

「**蒜泥**《スアンニー》（おろしニンニク）はありますか？」

「有、好的！」

三度目の同じ相槌が、王師傅から返ってきた。

タレは、醬油と黒酢が卓上に置かれているが、黒酢をたらす。東北の水餃子は、黒

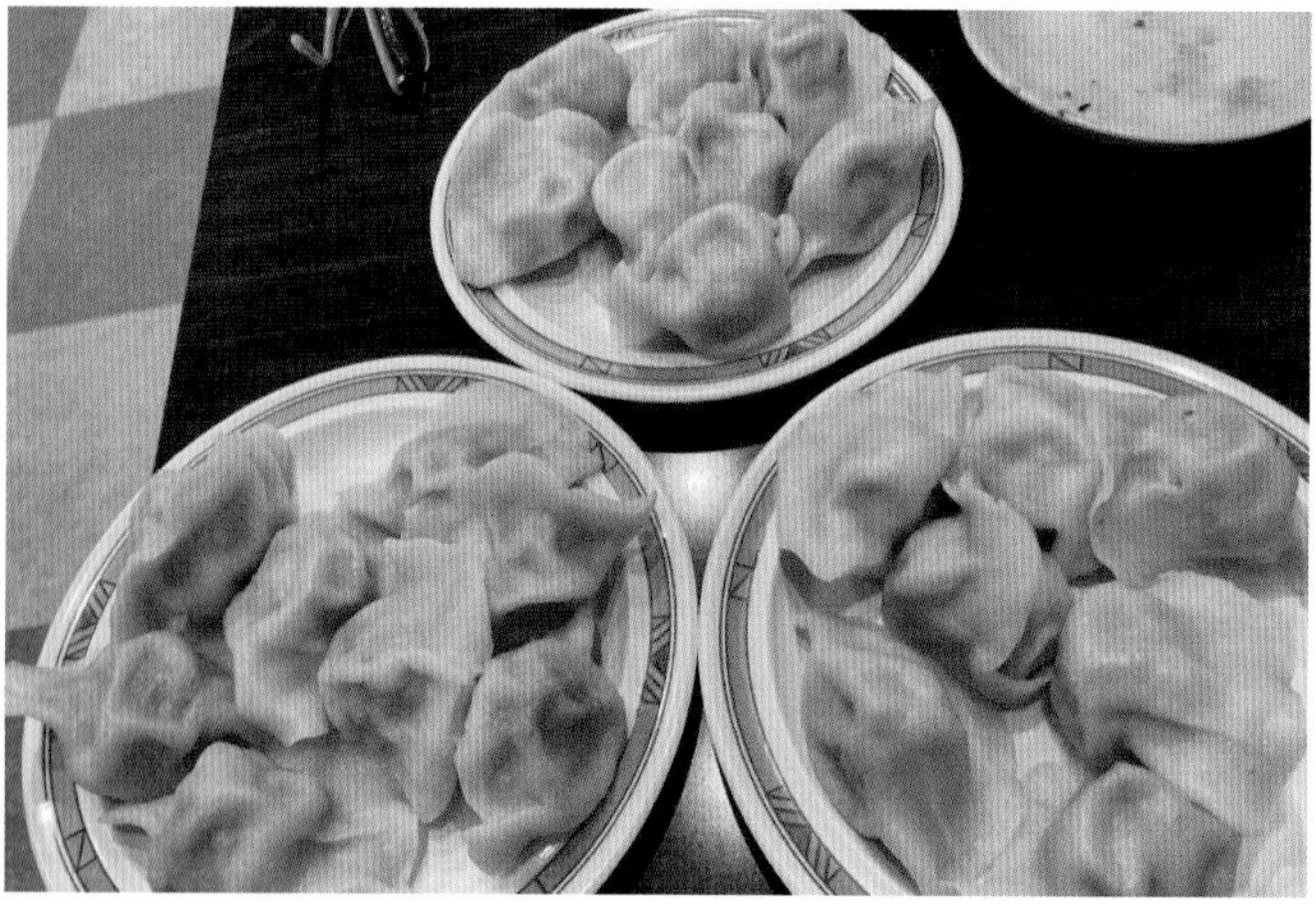

上は「鮮蝦餃子」、右下が「猪肉茴香餃子」、左下が「肉三鮮餃子」

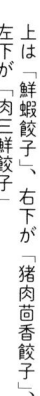

酢、蒜泥、餃子湯が「3点セット」である。

王師傅が自賛するように、まさに「具材たっぷり、皮もっちり」。皮が厚く、もちもち感が半端ない。このボリューム感たっぷりの餃子は、明らかにおかずではなく主食である。

というわけで、すっかり「一人餃子祭り」に興じてしまった。

最後は食べきれずにいたら、「打包《ダーバオ》」（包んで持ち帰り）にしてくれた。明日も自宅で「餃子祭り」だ。

兆奎餃子◆東京都新宿区百人町1-10-10

4

上海

酔っ払いガニには黒八年がよく似合う

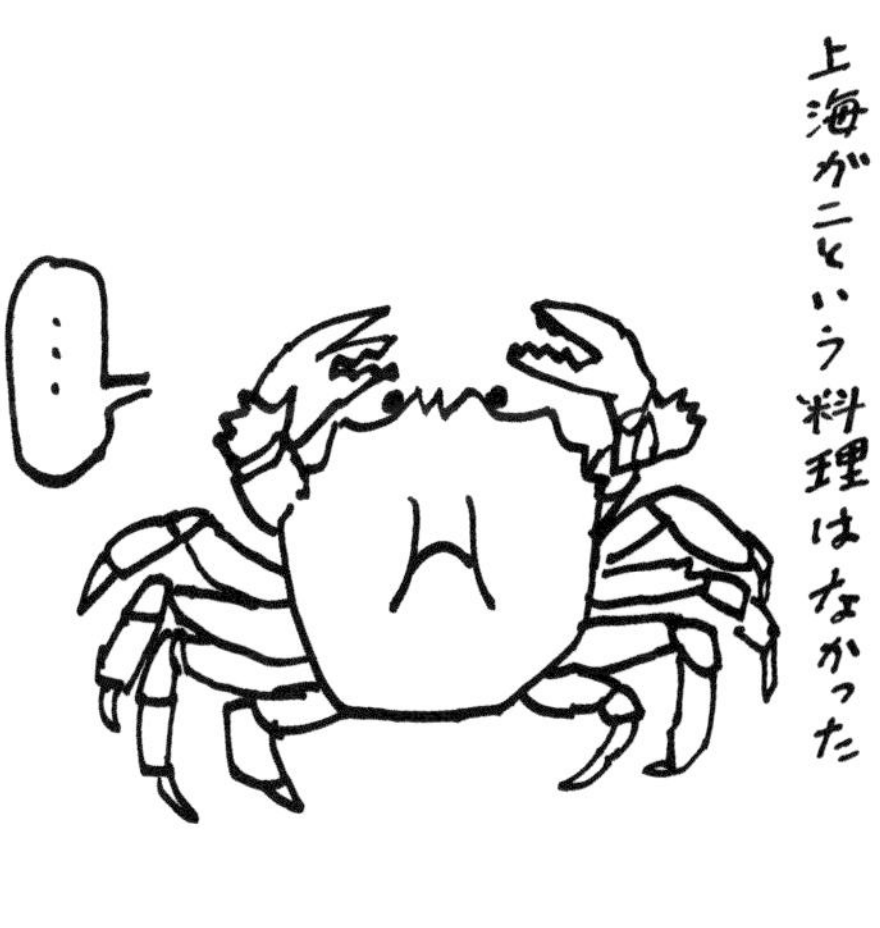
……
そもそも上海に
上海ガニという料理はなかった

秋深き

隣は何をする人ぞ――

こう詠《よ》んだのは、俳聖・松尾芭蕉だが、隣国の中国人、特に上海人が秋に何をしているかと言えば、カニを喰らっているに決まっているのである。そう、秋は美味なる上海ガニの季節だ。

　というわけで、今宵も東京・池袋の「ガチ中華街」へやって来ました。目指すのは、「新天地《シンティエンディ》」という、雑居ビルの2階に入ったこぢんまりした店だ。

　新天地とは、上海の一地名である。東京で言えば原宿の竹下通り、大阪で言えば道《どう》頓堀《とんぼり》のような、あまねく中国に知れ渡った繁華街だ。

　黄浦《ホアンプー》区の淮海《ホワイハイ》中路の南側、黄陂《ホアンピー》南路と馬当《マータン》路の間に広がる一帯で、面積は約3万㎡。シャレた店舗やレストラン、カフェバーなどが所狭しと立ち並んでおり、いつ訪れても「人山人海《レンシャンレンハイ》」（黒山の人だかり）だ。

　だが「新天地」の歴史は、それほど古くない。もともとは、「石庫門《シークーメン》」と呼ばれる上海独特の建築様式の倉庫街だった。１９２０年代から１９３０年代にかけて「魔都」と呼ばれた頃の名残で、１９９０年代になってもこの辺りを訪れると、「魔窟《まくつ》」の薄ら恐い世界が広がっていたものだ。

20世紀の終わりになって、一帯を再開発することになった。それは、まるで蜘蛛《くも》の巣のような古びれたアパート群を解体し、石庫門様式の倉庫は残して、オシャレなカフェバーやショップ通りに換骨奪胎《かんこつだったい》するという、いかにもハイカラな上海人が思いつきそうな計画だった。実際、１９９９年から大工事が始まった。

２００１年10月、翌年に共産党総書記を引退することが決まっていた江沢民《こうたくみん》国家主席は、自らの外交の集大成として、「本拠地」である上海でＡＰＥＣ（アジア太平洋経済協力会議）を開催。ジョージ・Ｗ・ブッシュJr.米大統領や小泉純一郎首相ら21の国と地域の首脳が上海に勢揃いした。

この時、江沢民主席は「21世紀の未来都市・上海」を、世界にお披露目した。ニューヨークに匹敵する浦東新区の１００階建てクラスの摩天楼群と、そこにまもなく開通する世界初のリニアモーターカー、地上４６８ｍの東方明珠電視塔（テレビ塔）。さらに２０１０年には、上海万博が控えていた。

そんな中、ＡＰＥＣの取材で上海を訪れると、「21世紀の光」と「20世紀の影」とが交錯していた。「新天地」の工事は急ピッチで進められていて、ちょうど2階建ての古アパートを取り壊している最中だった。

よく見ると、残った最後の一角の2階に人影が映った。同行していた上海人カメラマンと、崩れかけた階段を昇ると、老婆が一人、立てこもっているではないか。そこへ夕立が降ってきた。

カメラを向けると、老婆が何か叫んだ。上海語を解さない私に、カメラマンが中国語に訳してくれた。

「私は生まれたこの場所で死ぬんだ！」――老婆の目には、大粒の涙が光っていた。

2007年に、「新天地」は全面開業した。

私は、上海の若者街の象徴と化した「新天地」を訪れるたびに、ふとあの時の老婆の涙が目に浮かぶ。それは、東京・池袋のガチ中華街の一角に立てかけられた、「新天地」という看板を見た時もそうだった。そう言えば今宵も、小雨が降っている。

「酔っ払いガニ」と「黒八年」のマリアージュ

「新天地」を紹介してくれたのは、東京在住の上海人だった。

以前、代々木に「ROBERT'S」という上海料理の名店があった。東京在住のエリ

優しい食感の「酔蟹」

紹興酒「石庫門」は石庫門建築をイメージしたデザインの瓶に入っている

ート上海人たちが集う場所として知られ、いつ訪れても上海語が飛び交っていた。だが2020年、コロナ禍であえなく閉店。あの蝟集《いしゅう》していた上海人たちは、どこで故郷の味に浸《ひた》っているのかと聞くと、池袋に店を構える「新天地」だという。

それで上海人に連れられて行ったのが、始まりだった。以来、上海料理が食べたくなると、もしくは哀切調の上海語が聞きたくなると、足を運ぶようになった——。

エレベーターで2階に上がり、ドアを開けると、上海人でほぼ満席である。母子が横の席を空けてくれる。

著名な王建梁《おうけんりょう》シェフの夫人が、「歓迎光臨！　絶品の上海ガニが届いたわよ」と、壁を指さした。「大閘蟹　時価」と写真入りで貼りつけてあった。

「**大閘蟹**《ダージャーシエ》」というのが、いわゆる「**上海ガニ**」のことだ。本日は一杯2800円で出すという。

「菊黄蟹肥《ジュイホアンシエフェイ》。いまはメスの最後の時節よ。これからオスに切り替わるからね」

菊黄蟹肥——菊が黄色く色づけば、カニは肥えて食べごろとなる。上海人独特の言い回しだ。

上海ガニは、メスは身が柔らかく、オスはギュッと引き締まっている。上海人には

「両方食べられる時節」を狙う通《つう》もいるが、私はどちらかというと、初秋の時節に出回るメスが好みだ。

そもそも上海に、上海ガニという料理はなかった。乾隆《けんりゅう》9年、西暦で言えば1744年、美食家で知られた浙江省紹興《しょうこう》の僧侶・王桂臣《おうけいしん》氏が、地元に「王宝和《ワンバオフー》酒家」（原名は「王宝和紹酒桟」）を開いた。それから約200年の後、「魔都上海」が最も活況を呈《てい》した日中戦争開戦前夜の1936年、店を上海の目抜き通り、四馬路《スーマールー》（現在の福州路《フージョウルー》）に移した。

それからさらに時代は移って、鄧小平副首相が「改革開放政策」を宣言した翌年の1979年10月、「王宝和酒家」で大宴会が開かれた。その時のメインディッシュとして、上海に隣接する蘇州《そしゅう》の陽澄湖《ようちょうこ》から獲ってきたカニが饗《きょう》された。この時のカニ料理が評判を呼び、上海各地のレストランがマネするようになった。そうしていつしか、「上海ガニ」は、上海を代表する料理となっていったのだ。

さて、1年ぶりの上海ガニとあって、この日は、メインディッシュの他にも、3皿頼んだ。すべて「カニ関連料理」だ。

トップバッターとして供されたのは、「**酔蟹**《ズイシエ》」。**上海ガニの紹興酒漬け**だ。俗称は

「酔っ払いガニ」。

それにつけても、上海ガニには紹興酒がよく似合う。そもそも本家の「王宝和酒家」は、上海ガニの前に紹興酒で名を揚《あ》げた店だった。

数ある紹興酒の中から、この日選んだのは「**石庫門**《シークーメン》」。「石庫門」とは、前述のように「新天地」ができる前の倉庫街のことだ。

上海人は、この紹興酒を「黒八年《ヘイバーニエン》」と呼ぶ。「8年かけて熟成させた黒ボトル」という意味だ。庶民の酒で少々薄味だが、上海ガニとの相性は抜群だ。

濃密なカニ味噌のこってり感と、それを舌の中で溶かそうとする「黒八年」との絶妙なハーモニー。早くも前座にして、真打ち登場という気がしてきた。

老上海が教える「カニに対する礼儀」

二番バッターは、「**江南賽螃蟹**《ジアンナンサイパンシエ》」。**白身魚と卵白の黒酢炒め**である。

実はこの料理は、上海ガニを食べられない季節に、カニを想って食べる料理なのだ。

だが王シェフの「最拿手菜《ツイナーショウツァイ》」（最も得意な料理）なので、あえて頼んだ。

まろやかな味付けの「江南賽螃蟹」

珍味の「上海蟹粉蝦仁」

ほこほこした食感の白身魚に、ショウガと黒酢のタレが絡まってくる。実にまろやかな味付けに仕上がっている。

三番バッターは、「**上海蟹粉蝦仁**《シャンハイシエフェンシアレン》」。**エビの上海ガニ味噌炒め**だ。ぷりぷりのエビを軽く揚げて、カニ味噌にネギやショウガをまぶしたものにとろみをつけている。こんな珍味は、本場の上海料理店以外に、絶対に出てこない。やはり紹興酒との相性が抜群だ。

さていよいよ、四番バッター「**大閘蟹**」の登場である。よく蒸れていて、匂い立っている。色つやも申し分ない。

上海ガニの食べ方は、諸説ある。私が「老上海《ラオシャンハイ》」（生粋《きっすい》の上海人）の友人に習ったのは、以下のとおりだ。

まず腹の方を剝《は》がす。そして中身をすくって食する。ここで、そのカニの良しあしが分かる。

続いて、背中の甲羅《こうら》を剝がす。中の胃袋などを削り取って、メスの場合、「蟹黄《シエホアン》」と呼ばれる極上の部位（卵巣と消化腺）を、タレにつけていただく。これぞ上海ガニの醍醐味《だいごみ》だ。

時に、「酔蟹」の残り汁に浸して口に運ぶのも、オツなもの。この所作も、「老上海」に教わった。この時、できれば左手に、紹興酒のグラスを持っていたい。

そうして一息ついたところで、ゆっくりと一本ずつ、脚を切っていく。細身の脚を両手でやや強くつまむと、蟹肉がチューブのように上から飛び出してくる。それをチュパチュパと吸うのが、上海流だ。

そして食い散らかした後は、なるべく原形をとどめるように、甲羅や脚を戻していく。「老上海」曰く、「この〝儀式〟はカニに対する礼儀だ」。

王建梁シェフは、18歳でコックの道に入った。そして、上海の名立たるホテルで研《けん》鑽《さん》を積んだ後、1995年に来日した。

以来、都内各地の中華料理店を渡り歩いて、2015年に「新天地」を開いた。上海料理一筋、半世紀近く。まさに筋金入りの逸品の数々だった。

店を出ると、本降りになっていた。雨に濡れながら、「王宝和酒家」でカニを前にして、「老上海」から聞いた箴言《しんげん》が脳裏をよぎった。

「上海人というのはね、まさにこの上海ガニのようなものなんだ。どんな泥水の中だろうが、生き延びていける生命力を持っている。

艶やかなメスの「大閘蟹」

半世紀近いキャリアの王建梁シェフ

環境が悪い時は、じっと岩にしがみついている。でも、目だけは常にギョロギョロさせて、注意を怠《おこた》らない。

そして、いったんチャンス到来と見たら、一気呵成《いっきかせい》に飛び出すのさ！」

新天地◆東京都豊島区西池袋1‐34‐4　2F

5

激辛なスッポンで祝うクリスマス

湖南

湖南料理と湖南人

中国は全31地域に区分されるが、南部の湖南省を故郷とする湖南人は独特である。私は十数年前、北京に暮らしていた時分、湖南人と会う時は、「これから星一徹《ほしいってつ》に会うのだ」と、心に言い聞かせていた。

　星一徹とは、若い人はピンと来ないかもしれないが、マンガ『巨人の星』の主人公・星飛雄馬《ほしひゅうま》の父親である。自分の息子を巨人のエースにするのだという確固たる信念を持ち、厳格な英才教育を施していく。あのしゃかりきの頑固一徹さが、湖南人のキャラクターそのものなのだ。

　人口6600万人の湖南人は、項羽《こうう》を生んだ楚《そ》の末裔《まつえい》であり、現在の中華人民共和国も、自分たちが建国したという自負を持っている。実際、「建国の父」毛沢東《もうたくとう》主席を始め、劉少奇《りゅうしょうき》主席、彭徳懐《ほうとくかい》元帥、賀龍《がりゅう》元帥、粟裕《ぞくゆう》大将、胡耀邦《こようほう》総書記……。建国時の「10大将軍」のうち、実に6人が湖南人だった。

　北京のあるホテルで湖南人グループと会食した時のこと。彼らは供された料理を、

スッポンを丁寧に調理する鄧敬輝厨師

「もっと辛くしろ」と突き返した。タバコを吹かしていて、「この部屋は禁煙です」と店員に注意されると、「そうか」と言って火を消し、次の瞬間、別のタバコに火をつけた。

一事が万事、この調子で、頑固一徹、誇り高いことこの上ない。あげくに「中国の星一徹」たちは2011年、「湖南大厦《たいが》」（湖南ビル）という高さ61mの巨大な建造物を、北京駅の正面にオッ建ててしまった。

そのビルの2階に、「首湘縁《ショウシアンユエン》」という高級レストランがオープン。以後、湖南人と会う時は、いつもそこになった。

「首湘縁」には、どんな湖南人をも納得させる本場の「湘菜《シアンツァイ》」（湖南料理）が並んだ。ビールも、北京では他に見かけない「湖南ビール」だった。もちろん、厨師《チュウシー》（コック）から服務員《フーウーユエン》（ホールスタッフ）まで、全員が湖南人である。

湖南料理は、「中国8大料理」の一つに数えられる。とにかく辛いのだが、日本人におなじみの四川料理が「麻辣《マーラー》」（ピリ辛）なのに対し、湖南料理は「酸辣《スアンラー》」（酸味がかった辛さ）が特徴である。

湖南料理は以前、「毛家菜《マオジアツァイ》」（毛沢東主席の家の料理）と呼ばれていた。だが、農家の息子だった毛沢東主席は味に無頓着《むとんちゃく》で、生涯一度も歯を磨《みが》かないような男だった。そしていつも「紅焼肉《ホンシャオロウ》」（豚の角煮）を頰張っていたので、高級志向が進んだ最近の湖南料理は、「湘菜」という呼び名が定着した。「湘」は湖南省の略称だ。

高田馬場の異変

ここから話は、東京の高田馬場に飛ぶ。高田馬場と言えば、早稲田大学を中心にした学生街として知られる。だが、専門学校や日本語学校なども多く、留学生の街でもあるのだ。山手線の高田馬場駅には、中国語オンリーの広告ポスターも貼ってあるほどだ。

いまから10年ほど前、駅前から山手線の外側に沿って続く「さかえ通り」を少し下った雑居ビルの2階に、「李厨《リーチュウ》」という湖南料理店がオープンした。こぢんまりした庶民的な店で、ランチ時ともなると、中国人留学生たちが列を作るようになった。今時の中国の若者は、とかく辛い物好きなのである。一番人気は「川菜《チュワンツァイ》」（四川料理）だが、「川菜」に飽きると「湘菜」に流れてくる。

２０２０年、新型コロナウイルスが、高田馬場をも襲った。あのコロナ禍によって、昔ながらの居酒屋などが、次々に店を畳んでいった。

その後には、「別の風景」が広がった。すなわち、池袋駅西口や北口の繁華街と同様、「ガチ中華」の店が雨後の筍《たけのこ》のように出現したのである。山手線で二つ隣の池袋がガチ中華の「総本山」なら、高田馬場は「支部」と言える。

そんな高田馬場で、山手線の内側、神田川のほとりの道沿いにあった老舗《しにせ》の焼き肉屋が、コロナ禍であえなく閉店。その跡地に２０２０年12月、「李厨」が姉妹店をオープンさせた。

湖南省の岳陽《がくよう》出身で、地元で「名厨《ミンチュウ》」（名コック）の呼び声高かった鄧敬輝《とうけいき》氏を、ヘッドハンティング。「李厨」よりも高級志向の本場「湘菜」を提供することにしたのだ。

店名は、「**湘遇**《シアンユイ》ＴＯＫＹＯ」。「湖南省（及びその料理）に遇《あ》いに来る」という意味だ。「湘」という字がつくと、東京人は近郊の「湘南」を思い浮かべるが、「湘南」の語源も、湖南省の洞庭湖《どうてい》に注ぐ河川「湘江（湘水）」一帯と地形が似ていたことに因《よ》るものである。

超激辛のピータンと焼き青唐辛子の和え物

豚マメと海老がたおやかなハーモニーを奏でる「爆炒双脆」

私は数年前、首都圏在住の知人の湖南人に連れられて、「李厨」で食事した。東京近郊在住の湖南人の同郷会もそこで開いているとのことで、「これぞ湖南の家常菜《ジアチャンツァイ》（家庭料理）」と絶賛していた。

「李厨」は確かに旨いのだが、何せ狭い店内に中国人留学生が溢《あふ》れていて、まるで学生食堂のよう。しかも店外にも留学生たちが並んでいたりするため、落ち着かない。

そんな「李厨」に、先日、久方ぶりに行った。そこで遅めのランチを食べながら、湖南人の女性店員としゃべっている中で、耳よりの話を聞いた。

「『湘遇』に最近、『**甲魚**《ジアユイ》』が入荷したわよ。鄧厨師《チューシー》（鄧コック）の『甲魚捌《さば》き』は、天下一品なんだから」

「甲魚」と聞いて、私はいても立ってもいられなくなった。早速、その場から予約の電話を入れた。

「甲魚」とは「甲羅のある魚」、すなわち**スッポン**である。立秋になると湖南人は、「進補《ジンブー》」（滋養を補う）と称して、「甲魚」をいただく。その習慣は立春まで続く。内陸部の湖南は冬の間、暖気に乏しいのだ。

焼き青唐辛子の和え物を喰らってこそ楚の漢

「湘遇」は、まるで湖南省の省都・長沙を流れる湘江のほとりに立つレストランのように、神田川のほとりに在《あ》った。店内は、「李厨」の姉妹店とは思えないほど広く、かつ洗練されている。いまはクリスマス時、イタリアンレストランに来た気分だ。

客席は、やはり中国人留学生たちで、ほぼ満席。今時の若い中国人は「一人っ子世代」で、裕福なのである。

渡されたメニューに、お目当ての「甲魚」が見当たらない。女性店員に訊ねると、笑って奥の壁を指さした。「紅焼甲魚《ホンシャオ》」と大書してあるではないか。「紅焼」とは、醬油煮込みの料理法だ。

店員が厨房に確認しに行く。「1斤（500g）あたり4900円で、今日の甲魚は2・6斤あるから、一応見て下さい」

一昔前の中国には、レストランで特別な鮮魚などを注文した際に、客が厨房まで行って、まだ魚が生きているところを確かめる習慣があった。そんな体験は久々だ。

私は席を立って、厨房へ向かった。オープンキッチンになっていて、噂《うわさ》の鄧厨師が、私の方に向けて「甲魚」を掲げた。丸々成長した雌《めす》で、脚をばたつかせている。

「湖南式では、まず頭を切って、全身の血を抜く。次に湯に当てて、皮を剝《む》く。その後、切り分けて漢方をまぶし、醬油や料理酒などを注いで鍋で煮込んでいく……」

鄧厨師が、簡単に説明してくれた。そして「後は任せろ」と言わんばかりに、くるりと背を向けた。

客席に戻った私は、先ほどメニューをめくっていて、気になる冷菜の一品を発見したことを思い出した。北京の「首湘縁」で、湖南人の誰もが頰張っていた「**擂辣椒《レイラージアオ》皮蛋《ピータン》**」（**皮蛋と焼き青唐辛子の和え物**）である。

見た目は、和食の「ほうれん草のゴマ和え」にやや似ている。すり鉢に青唐辛子を入れ、すりこぎでひたすら擂《す》っていく。「湘菜」の入門編とも言える冷菜だが、東京で目にしたのは初めてだった。

一般に北京人は、「擂辣椒皮蛋」を食べない。それは、口から火が出るほど辛いからだ。ほうれん草のゴマ和えの代わりに、唐辛子のゴマ和えを食べると想像してみてほしい。私も最初は、絶叫したくなった。

底なし沼のような湖南風ビーフン

見事の一語に尽きる「紅焼甲魚」

だが、これを「旨い」と言って食べてこそ、「楚の漢《おとこ》」なのである。私はもちろん「楚人」ではないが、涙ながらに「擂辣椒皮蛋」を頬張って、「楚人」の仲間に加えてもらった。そうやっていったん親しくなると、「中国の星一徹」たちはその実、心温かい人々だった。

それにしても、そんな料理が東京で食べられるとは……。

続いて、**「爆炒《バオチャオ》双《シュアン》脆《グイ》」（豚マメ＝豚の腎臓と海老の酸辣風炒め）**。もうすでに舌がヒリヒリしてきたため、女性店員に急遽《きゅうきょ》、申告して「微辣《ウエイラー》」（弱めの辛さ）にしてもらう。彼女は意を察したかのように「知道了《ジーダオラ》！」（分かったわ）と笑って、厨房に向かった。

それにしても、豚マメと海老の赤トウガラシを介したハーモニーのたおやかなること！

滋養強壮の逸品「紅焼甲魚」

もう一品、**「酸《スアン》菜《ツァイ》魚《ユイ》米《ミー》粉《フェン》」（湖南風ビーフン）**を注文した。

冷菜が激辛だったので、スープでも飲もうと思ったのが誤算だった。「湘菜」はスープまでもが激辛なのだ。

それでも、高菜と白身魚が沁《し》み込んで、しっかり味付けされたスープだ。仮にビーフンが入っていなくても、腹にたまること請け合いである。

じっとりしたスープは、まるで湖南の底なし沼のようである。どこまで引っ張り込まれるか知れない「毛沢東的魔界」。

そういえば私も、中国という底なし沼にハマって30年以上が経《た》つが、いまだに自らの立ち位置も分からぬまま彷徨《さまよ》っている……。

いよいよ「甲魚」到来！　大皿の中に、微《かす》かに原形をとどめていて、そこはかとない芳香が漂っている。ネギと**桂皮**《グイピー》（シナモン）の香りである。「名厨」は、甲魚の生臭さを見事に消し去っていた。

「甲魚」を、ゆるりと箸でつまんで口に運ぶ。しっかり火が通っていて、身がホクホクと柔らかい。「紅焼」のとろみと絡まって、得も言われぬ重厚な味を引き出している。

皿の中では、「甲魚」の周囲に、「黒」と「黄」の実が添えられていた。黒は「豆《ドウ》

豉《チー》」と呼ばれる**発酵した黒豆**。黄は「甲魚」の卵である。大鍋の底なし沼は、魑《ち》魅《み》魍《もう》魎《りょう》と黒光りしている。

まさに、五臓六腑《ごぞうろっぷ》に血肉を注いでくれる滋養強壮の逸品。この店の「甲魚」は、北京の名店「首湘縁」の味に匹敵する。いや、もしかしたら超えているかもしれない。

帰りがけに、ネオンが反射する神田川を眺めながら、ふと思った。こんなクリスマスの過ごし方があってもいい。

湘遇TOKYO◆東京都豊島区高田3-10-22

四川

爆成長！
常時満席の火鍋店

6

2015年という年は、中国人観光客による「爆買い元年」だった。「爆買い」はこの年の流行語大賞にも選ばれた。

前年11月の北京APEC（アジア太平洋経済協力会議）で、それまでいがみ合っていた安倍晋三首相と習近平国家主席が、まがりなりにも握手を交わした。そのことが契機となって、2015年の春節（旧正月）期間中、中国人観光客が、怒濤《どとう》のように日本に押し寄せてきたのだ。

ある日の午後、東京・銀座通りの免税店に入ると、拍手が沸き起こっていた。中国人観光客が、「666万6666円」の福袋を買ったのだという。その横には、次の買い手を求める「888万8888円」の福袋が陳列されていた。

そんな流れで、同年9月11日、東京・池袋に、中国最大の火鍋チェーン店「**海底撈**《ハイディラオ》」の日本1号店がオープンした。

池袋の象徴と言えば、西武百貨店である。セゾン美術館や西武ブックセンター（リブロ池袋本店）など、1970年代以降の若者文化の発信基地となった。残念ながらいまは、美術館も書店も閉じてしまったが。

その西武百貨店と、明治通りを挟んで向かいに建つビルの5階と6階に入っていた居酒屋が、撤退した。すると空き店舗となったスペースを借り受け、2階分ぶち抜き300席の巨大な火鍋チェーン店に仕立て上げたのが「海底撈」だった。いわば「爆借り」だ。

私は、オープンして数日後に訪れた。もう少し正確に言えば、四川省出身で都内在住の中国人経営者にインタビューする約束をした。その際、どうせなら夕食を食べながらやりましょうという話になり、彼女は電話口で、こう指定してきたのだ。

「では当日、16時半に池袋の『海底撈』に来て下さい」

2015年に日本進出した超人気火鍋店

はて、四川人は夕食を午後4時半から食べるのか？

その謎は、西武百貨店のオシャレなショーウインドーの前を通り過ぎた時に、半ば解けた。

ツーンと鼻を衝《つ》く刺激臭がしてきたのだ。四川火鍋に独特の「麻辣《マーラー》」の香りである。まるで西武百貨店で「爆買い」している中国人たちを、いざなっているようだ。

というわけで、まごうことなく、新規開店の「海底撈」に辿り着いた。エレベーターで5階に上がると、そこは中国人客たちで「人山人海《レンシャンレンハイ》」（黒山の人だかり）。彼らを掻《か》き分けて店内に入ると、「川劇《チュアンジュイ》」（京劇の四川省版）の俳優の格好をした男性店員に聞かれた。

「您預約了嗎《ニンユイユエラマ》？」（予約していますか？）

インタビューする女性経営者の名前を告げると、「川劇俳優」に案内された。

何と午後4時半にして、３００席がすべて、中国人客で埋まっていた。豪華な白テーブルにシャンデリア。火鍋屋というより、まるで貴族のサロンのようだ。

女性経営者が言った。

「いま首都圏に住む中国人たちが、日本にも『海底撈』がオープンしたとあって、殺到しているのよ。特に私たち四川人の間では、一大ニュースだわ。だからディナーは、午後4時半までか、夜10時以降でないと予約が取れやしない」

食事の途中で、彼女の知り合いという女性店長が挨拶に来た。

「開店する前は、池袋駅前にいきなりこんな大型店を出して、客が来なかったらどうしようと不安でした。しかし開店するや、見てのとおりです。予約の電話が鳴りやまず、常に満席状態なので、毎日午前11時から30時まで店を開けることにしました」

30時？　翌朝6時のことだった。

その時、女性店長は私に相談してきた。

「保証金や前家賃、内装などで、オープンするのに数億円かかりました。当初は5年くらいで回収する計画でしたが、この状態が続けば、いまから半年後には回収できてしまいます。

それで、東京に2号店を出したいんです。2号店は、日本人客も意識した店にしたいのですが、どのエリアに出すのがよいでしょう？」

私は、山手線の路線図を頭に思い浮かべながら答えた。

「個人的には、私の自宅前に出してほしいです（笑）。日本人の若者客を狙うなら新宿か渋谷、サラリーマンやＯＬに来てほしければ銀座ですかねえ。でも日本人は、これほどおいしい四川火鍋の店だったら、どこへ出しても食べに来ますよ」

そのような「海底撈」との邂逅《かいこう》から、もう何年も過ぎた。コロナ禍を経て、時は春節（旧正月）である。

と言っても、日本では祝日ではない。華やいだ気分は皆無なので、久々に「海底撈」に足を延ばしてみた。

いまやネット予約できるので便利だが、変わっていないこともあった。その日、ディナーで予約できるのは、やはり16時半までか、22時以降となっていたのだ。しかも「90分入れ替え制」。仕方なく、再び16時半に出向くことにした。

池袋駅の反対側、すなわち東武百貨店のある西口や北口一帯は、「ガチ中華街」と呼ばれるようになっていた。１００軒以上のガチ中華の店が犇《ひし》めいている。

だがサンシャイン60通りがある東口は、見慣れた「日本の繁華街」だ。以前と同様、西武百貨店のショーウインドー前を歩く。

あれっ、匂ってこない。もしかしたら池袋駅一帯で苦情が出て、排気管を替えたのかもしれない。

それでも、エレベーターで5階へ上がると、席待ちの中国人で「人山人海」。そして「川劇俳優」が呼びかけてきた。「您預約了嗎?」

壮観な３００席は、今宵も満席だった。6階奥の39番席に案内されると、都内の大学院に通っているという中国人の女性店員が、中国語でにこやかに告げた。

「服が汚れないよう、この『川劇マント』を着けて下さい。カバンにはこの覆いを被せますね。マスクは、この袋にどうぞ。注文はこのタブレットを使ってお願いします。どうぞごゆっくり、このミカンとミニトマトをつまみながら注文して下さい」

真冬のスイカ——サービスを徹底的に売った店

彼女のきびきびしたサービスぶりを見ていて、私はかつて中国で一世を風靡《ふうび》した「海底撈ブーム」を思い起こした——。

いまから30年前の1994年、四川省の片田舎の町、簡陽《かんよう》でトラクターの修理工をしていた、当時23歳の青年・張勇《ちょうゆう》君は、仕事に見切りをつけて、職を辞した。そして親族から借金をして、レストランを開いた。

レストランと言っても、友人3人と鄙《ひな》びた建物の2階の狭い一間を借りて、テーブルを4台置いて始めたのだ。お玉で鍋の中の具を撈《と》る様子を海底に見立てて、「海底撈」という店名にした。

四川省のどこにでもある伝統的な激辛の火鍋店だったが、「海底撈」は味よりも、特異なサービスで話題を呼んだ。張勇店長は、仕事で疲れている客がいれば肩を揉《も》んでやり、順番待ちしている客には菓子類を配ったりした。そのため「あの店に行けば気分がよくなる」と噂が立ち、大繁盛した。

思えば、「社会主義市場経済」という新制度を始めた1990年代の中国で、最も欠けていたのがサービスだった。レストランは親方日の丸のような体質から抜けられず、「お客様は神様です」という発想がなかった。そのため「海底撈」のサービス精神は、中国で際立っていたのだ。

2店目、3店目……と四川省で順調に店舗を増やしていき、1999年には、隣の陝西《せんせい》省の省都・西安に進出した。その後、全国展開していく。そして2012年12月には、初の海外店舗としてシンガポール店をオープンさせた。

私が初めて「海底撈」に行ったのは、2013年の冬、北京市朝陽区の店だった。年若い中国人夫婦と夕食の約束をした際、彼らが行ってみたいと言って予約したのが、当時北京でも話題を呼んでいた「海底撈」だったのだ。

真冬だというのに、ものすごい行列ができていた。入り口で、ホットティーの提供や携帯電話の充電、それに自動マッサージ器によるマッサージや、マニキュアを塗る

極上のサービスが特徴だ

サービスまで無料で行っていた。一体どういう店!?

食事中、妊娠していた友人の夫人が、「スイカが食べたい」と漏《も》らした。夫は、「真冬にスイカなんて」と叱《しか》った。

すると、それから30分以上経って、何と店から「サプライズ・プレゼント」として、切ったスイカが届けられたのである。聞くと、男性店員が偶然、私たちの会話を耳にし、雪降る中を外出して、スイカを探し回ったのだという。

夫人は涙して頬張っていた。その男性店員は、決してスイカ代を受け取らなかった。

「海底撈」は2018年9月26日、待望の香港証券取引所への上場を果たした。その日、1000億香港ドル（約1・9兆円）近い時価総額をつけた。

その時点で、中国国内317店舗、海外24店舗を数え、総従業員数は5万人を超えていた。同年上半期の売り上げは、73億元（約1500億円）に上った。

香港で上場の記念スピーチに臨んだ張勇CEOは、万感の思いで語った。

「オレはついに資本家になった！　わが社はおそらく、香港の上場企業の中で唯一、全取締役が中学校しか卒業していない会社だ。今日の栄誉を、中国全土の中卒の人々とともに分かち合いたい」

「海底撈」はその後、コロナ禍で試練の時を迎えたが、2022年から、売り上げ347億元（約7300億円）と、立ち直りを見せた。いまや日本でも、新宿、上野、秋葉原、横浜、川崎、海浜幕張、大阪心斎橋、福岡……と拡張している。

メニューのタブレットを開くと、まずは「**鍋底**《グオディ》」と呼ぶ鍋の中に入れるスープを選択するところから始める。「鍋底」は全10種類で、以下の通りだ。

①**三鮮**《サンシエン》**火鍋**《フオグオ》（辛くない白湯）②**番茄**《ファンチエ》**火鍋**（トマト入りスープ）③**猪肚胡椒**《ジュウドゥフージアオ》**火鍋**（豚バラ肉胡椒スープ）④**日式博多**《リーシーボードゥオ》**豚骨**《トウングー》**火鍋**（日本式博多とんこつスープ）⑤**経典**《ジンディエン》**麻辣**《マーラー》**火鍋**（人気激辛スープ）⑥**日式味噌**《ウェイツァン》**火鍋**（日本式味噌スープ）⑦**日式寿喜焼**《ショウシーシャオ》**火鍋**（日本式すき焼きのたれ）⑧**清油麻辣**《チンヨウマーラー》**火鍋**（大豆油激辛スープ）⑨**三鮮大骨**《ダーグー》**鍋**（肉骨入り白湯）⑩**清水**《チンシュイ》**火鍋**（真水）。

なんと日本式が10種類のうち3種類を占めていた。日本人客が「海底撈」に来て、日本式火鍋を注文するはずもないから、これは完全に中国人客向けである。ちなみに隣席の中国人の家族連れは、④の鍋をつついていた。

スープは、「鴛鴦《ユエンヤン》」（おしどり）と呼ばれるペア（半々）にすることも可能だ。私は、左側半分を①にして、右半分を⑧にした。激辛を極めるなら⑤だが、これは本場の重慶火鍋なので、二日酔いのように胃がもたれてしまう。

「麻度《マードゥ》」（ピリ辛度）と「辣度《ラードゥ》」（激辛度）も、それぞれ4段階から選ぶ。スープの濃さも、3段階から選ぶようになっていた。

ちなみに「鴛鴦火鍋《ユエンヤンフオグオ》」にした場合、肉類や魚類は激辛の方に、野菜類は辛くない方に入れるのが中国式だ。野菜を激辛の方に入れると、野菜が激辛スープを含んで口に火がつくことになるからだ。

鍋が決まると、次にメインの肉類を選ぶ。基本は「**羔羊肉巻**《ガオヤンロウジュア》」**（子羊の肉巻き）**と「**特選肥牛**《トウシュエンフェイニウ》」**（肥えた牛の特選肉）**。

だが、少し贅沢をしたいと思えば、「**精品肥牛**《ジンピンフェイニウ》」**（肥えた牛の精肉）**や「**日本和牛**《リーベンフーニウ》」もある。私は「羔羊肉巻」と、春節なので「精品肥牛」を半人前ずつ注文した。

さらに、「**撈派蝦滑**《ラオパイシアフア》」**（海底撈式エビのすり身）**と、添え物として「**菠菜**《ボーツァイ》」**（ほうれん草）**と「**豆腐**《ドウフ》」。そして締めに「**撈派撈麺**《ラオパイラオミエン》」**（海底撈式麺）**を注文した。

北京の冬の風物詩——涮羊肉

注文が終わると、次は「たれ作り」である。四川火鍋のたれというのは、客が自分

メニューを選ぶタブレット

数十種類の具材から自分で調合する「たれコーナー」

で、店内に備えられた「たれコーナー」に足を運んで、数十種類の具材の中から好みに合わせて調合していくのである。

私の場合、北京生活が長かったので、北京の冬を彩る「涮羊肉《シュアンヤンロウ》」（羊しゃぶしゃぶ）用の、いわゆる「北京式7点セット」をトッピングすることにしている。

第一に「芝麻醤《ジーマージアン》」（ごまだれ）で、ベースとして多めに小皿に満たす。これに「韮花《ジウホア》醤《ジアン》」（ニラのたれ）、「腐乳《フーニウ》」（豆腐のたれ）、「風味豆豉《フェンウァドウチ》」（とうち）、「炸辣椒油《ジャーラージアオヨウ》」（ラー油）を、少しずつ垂らしていく。さらに「蒜泥《スアンニー》」（おろしニンニク）と「香菜《シアンツァイ》」（パクチー）をサッとふりかけて、出来上がりだ。

席へ戻ると、スープがちょうど沸き立ち始めていた。中国語では「開湯《カイタン》」（湯が開く）と表現する。

「湯が開く」と、まずは辛くない白湯を小皿に掬《すく》い取り、余分に持ってきた「香菜」をふりかける。この一杯を啜《すす》るのも北京の習慣で、フレンチレストランでアペリティフを飲んだ時のように、胃が動き始める。

そしていよいよ、食宴の開始である。まずは「羊肉」からいただく。女性店員に聞いたら、オーストラリア産だそうだ。

日本では羊肉というと、ジンギスカンを想起する。北海道出身者は羊肉が大好きだが、それ以外の人はあまり見向かない。

だが北京では、冬の風物詩と言えば、前述の「涮羊肉」であり、「**羊肉串**《ヤンロウチュア》」（**羊肉の串焼き**）である。遊牧民族だった満州族が支配した清王朝の影響もあって、あくまでも羊が主役なのである。

そのため、羊肉と牛肉を同時に差し出されると、北京人なら必ず羊肉から手をつける。もちろん、牛肉が不味《まず》いということではない。この日の牛肉は柔らかくて、オリジナルのたれとの相性も抜群だった。

宴もたけなわとなったところで、「撈派撈麺」を持ってきてもらう。「川劇俳優」がそそくさと現れた。手には、麺の塊を持っている。

「イェーッ！」と掛け声をかけて、麺の塊を振り回し始めた。まるでブルース・リーがヌンチャクを振り回すような要領で（たとえが旧い？）、高速で麺を縦横無尽に振り回す。麺は遠心力で引っ張られて、どんどん細くなっていく。周囲の客たちは、やんやの喝采である。

目いっぱい細くなったところでストップ。麺を切って、火鍋に放り込んだ。

2種類をスープを楽しめる鴛鴦火鍋

「海底撈」名物の麺のパフォーマンス

このパフォーマンスは、中国本家のスタイルを踏襲《とうしゅう》している。「川劇俳優」に聞いたら、半年に及ぶ修練が必要だという。おかげでしっかりコシの入った、締めにピッタリの麺に仕上がっていた。

店内には、「変臉《ビエンリエン》」（変装役）の格好をした「川劇」の俳優も動き回り、家族連れ客たちの人気を集めていた。

食べてよし、嗅《か》いでよし、観てよし。これぞ「ガチ中華の春節」！

海底撈池袋店◆東京都豊島区南池袋1-21-2　5・6階

7

ラーメンの元祖「蘭州牛肉麺」

甘粛

日本人がこよなく愛するラーメン。これを純粋な日本料理と思い込んでいる人も多いかもしれないが、残念ながら違う。

小麦粉の塊に、鹹水《かんすい》（アルカリ塩水溶液）を沁《し》み込ませ、両手で引っ張って伸ばし、細い麺にしていく。中国語で、両手で引っ張って伸ばす行為を、「拉《ラー》」と呼ぶ。だから、「拉麺《ラーミエン》」なのである。

つまり、中国が原産だ。日本の麺文化の権威である石毛直道・元国立民族学博物館館長も『文化麺類学ことはじめ』（講談社文庫　1994年）で、はっきりこう述べている。

「日本のラーメンは、拉麺に起源することばだという説が説得力をもつ」

日本には、明治維新前後の開国の時期に来日した中国人たちが伝えた。その後、第二次世界大戦後になって、いまの絢爛《けんらん》たる「ラーメン文化」が花開いたというわけだ。

では、中国国内で「拉麺」の発祥地はどこ？　それは甘粛《かんしゅく》省、河南省、山西省、陝西《せんせい》省など諸説あり、定かでない。分かっているのは、これら小麦の穀倉地帯で始まったということだ。

そんな中、現在、中国で最も有名な「拉麺」と言えば、それは間違いなく「**蘭州《ランジョウ》拉麺**」である。甘粛省の省都・蘭州《らんしゅう》が誇る逸品で、「**蘭州牛肉麺《ランジョウニウロウミエン》**」とも呼ぶ。1999

年には、中国政府が「中国3大ファストフード」の一つに認定し、「中華第一麺」の称号を与えた。

一清・二白・三紅・四緑・五香

蘭州牛肉麺が料理として確立したのは、清朝の嘉慶《かけい》年間とされる。西暦に直せば、1799年。日本では江戸幕府の11代・徳川家斉《いえなり》将軍の時代だ。

ラーメンの元祖とも言える「蘭州牛肉麺」とは、一体どんな「ラーメン」なのか？

私はいまから十数年前、北京に住んでいた頃、1週間ほど甘粛省を旅して回った。

北京から空路で約2時間半、西へ西へと行ったところに、蘭州は位置する。飛行機が北京を離れ、内モンゴル自治区、寧夏《ねいか》回族自治区の上空を飛んでいる間、眼下にはゴツゴツした「岩肌の砂漠」が広がっていた。

中国の急速な砂漠化の進行に度肝を抜かれていると、山脈のある一角だけが、オアシスのように緑色に覆《おお》われていた。そこが蘭州だった。黄河の上流に位置し、雄大な黄河が街を二分している。

夕刻にホテルへ投宿。チェックインの際、フロントに立つ老ホテルマンに、「今晩この近くで旨い蘭州牛肉麺を食べたいのですが……」と問うと、意外な答えだった。

「蘭州には、羊肉や牛肉料理を中心に、旨い料理がたくさんありますよ。何も今晩、牛肉麺を食べなくても……」

その意味するところは、翌朝になって分かった。蘭州人にとって牛肉麺とは、朝飯なのである。早朝に街を散策すると、香菜（パクチー）を含んだ牛肉麺独特の香りが、そこかしこから漂ってきた。

数十メートルに一軒くらい牛肉麺の店が立ち並んでいて、朝の蘭州市民たちの憩《いこ》いの場になっていた。蘭州の440万老若男女は、牛肉麺を啜《すす》りながら、一日を事始めるのである。

散歩から帰ると、私は再び、前日の老ホテルマンに尋ねた。

「この近くで、あなたが通う牛肉麺の店を教えて下さい」

今度はにっこり笑って、2軒教えてくれた。一軒は一杯8元（約170円）の庶民的な店で、もう一軒は一杯12元（約250円）で、頗《すこぶ》る清潔な店だという。

私はまず、ホテルからより近い8元の店に行ってみた。だが、「門庭若市《メンティンルオシー》」（門前市を成す）の賑わいで、どれだけ待たされるかしれない。踵《きびす》を返すより他なかった。

次に、少し離れた12元の店へ行くと、今度は座れた。そこは、おせっかいな女将が切り盛りしていた。「私は日本人で、今日が蘭州牛肉麵デビューの日なんです」と告げると、喜々として、次の瞬間には教師に変わっていた。

「それでは、私の主人が特別、腕によりをかけて作ってあげるからね。蘭州牛肉麵には、『5つの命』が宿っているの。すなわち、『一清《イーチン》・二白《アルバイ》・三紅《サンホン》・四緑《スーリュイ》・五香《ウーシアン》』。まさに『中華第一麵』にふさわしい『麵の王様』よ……」

女将の講釈によれば、次の通りだ。

一清……牛骨で煮込んだ香ばしいスープが、清らかに澄んでいる。
二白……煮込んだ新鮮な大根が、薄切りにして添えられている。
三紅……香り豊かな真っ赤なラー油が、食欲をそそる。
四緑……緑色の葉ニンニクと香菜を振りかける。彩りがよく、やはり食欲をそそる。
五香……丼の底に潜っている麵が、香りを漂わせる。

たしかに、12元でこんなに旨い麺があるのかと感心するほど絶品だった。蘭州人は細麺を好むことも知った。山西人が太麺を好むのと対照的だ。

加えて、もたもた食べていると、麺が固まってきてしまうことも覚えた。それだけ新鮮な食材なのだ。

以後3日間、毎朝その店に通い詰めた。そして、「もっちり、しっとり」の味と「涙の別れ」となった……。

東京へ戻ってからも、街を歩いていて、「蘭州牛肉麺」という看板を、たびたび見かけた。そのたびに店に入るのだが、いつも期待は落胆に変わった。「違うんだよなあ……」と、独りごちながら。

実は今晩も、寒空の夜更けに、池袋の「ガチ中華街」の片隅で見つけた「蘭州牛肉麺」の店に入ってみた。

「蘭州人コックの店」という触れ込みだったので、今度こそ期待していたのだが、「麺が死んでいた」。牛肉は噛《か》めないくらい硬く、大根はしなびていた。「アンタ本当に蘭州人？」と眼前のコックを詰問してやりたくなったが、黙って勘定して出た。

実際、「ガチ中華」の店には「外れ」も多いのである。むしろ、大半が「外れ店」

店はかつて池袋西口の象徴だったマルイの跡地近くにある

店にはチリ一つ落ちておらず、背広姿の私に使い捨てエプロンをくれた

と言っても過言ではない。

それでも営業していけるのは、ひとえに客の主流である若い中国人の味覚が落ちているからだ。いまの「一人っ子世代」は、自分で料理することもなく、スマホで出前を頼むことが多いので、大根のもとの形を知らなかったりするほどだ。

こうして、モヤモヤしたまま「ガチ中華街」を徘徊《はいかい》していたら、駅前の大通りに行き着く手前に、もう1軒、「蘭州牛肉麵」という看板の店が目に入った。店外にはウーバーイーツの配達員が立っている。いつか入ってみようと思い、おもむろに通り過ぎた。

その時、私の携帯電話が鳴った。某テレビ局のディレクターからで、まもなく北京で始まる全国人民代表大会（国会）について、明日の番組で私のコメントを紹介したいという。

結局、その場で30分近くも解説。電話を切ったら、全身に悪寒が走った。

と、再び眼前に「**薩斐**《サーフェイ》**蘭州牛肉麵**」の看板。「ええい、スープだけでも飲んで温まろう」

麺は6種類から選べる

狭い店内を見渡して驚いた。深夜の時間帯にしては珍しく、中国人女性客が多かったのだ。カップルもいれば、お一人様もいる。

私の「ガチ中華経験則」によれば、中国人女性客が多い店は「当たり」である。なぜなら、中国では一般に、女性の方が男性より味覚が優れているからだ。

奥の空席に腰を下ろすと、女性店員がやって来た。

「喝点兒熱茶《フーディアルーチャ》吧《バ》、還是喝涼水《ハイシーフーリアンシュイ》？」（温かいお茶をどうぞ。それともお冷の方がいいですか？）

「要杯熱茶《ヤオベイルーチャ》」（温かいお茶にして）

注文する前に、さっとお茶と、使い捨てのエプロンが供された。身体が震えていたので、がぶりと一口含む。

「んっ？」――ジャスミン茶に棗《なつめ》を入れているに違いなかった。それで茶に香りと甘みを持たせているのだ。

この店、ただ者ではない……。

私は女性店員に、正直に告げた。

「あまり空腹でないので、大きくない碗で蘭州牛肉麺を持って来てもらうことはできませんか？」

すると彼女は微笑んだ。

「いいですよ、小盛りにしましょう。それで、麺の種類はどうします？」

「はっ？」

私はその時まで、蘭州牛肉麺＝「細麺」という先入観を持っていた。だが考えてみれば、東京に住む蘭州人の数など、たかが知れている。山西人が客として入って来たら、「太麺はないのか」となるかもしれない。

そのため、この店では、客の好みに応じて6種類、作り分けているのだという。具体的には、以下の通りだ。

①細麺………麺の直径は2㎜。しなやかな弾力があり、スープとよく絡み合う。蘭州の一般的な麺。
②二細………「やや細麺」で、麺の直径は3㎜。麺のもっちり感、こしが味わえる。

「一清・二白・三紅・四緑・五香」の蘭州牛肉麵。
碗の上側にある青い模様が「中山橋」

これぞ「拉麺」＝麺を両手で引っ張る
「ラーメン」の語源となった工程

③蕎麦棱……いわゆる「三角麺」。細麺よりもさらに、スープが絡みやすい。
④韮葉麺……いわゆる「平麺」。幅5㎜で、ニラの葉を連想させる形。
⑤寛麺……幅20㎜で、すべすべ感のある太麺。
⑥皮帯麺……「大寛麺」とも言う。「皮帯」はベルトのことで、ベルトの太さほどもある幅40㎜の太麺。麺の歯ごたえが抜群。

少し迷ったが、やはり「細麺」で作ってもらうことにした。まず客に麺の太さを選ばせるということは、客が注文してから「麺を打つ」ということだ。

私は居ても立ってもいられなくなり、厨房に向かった。

厨房では、蘭州人の「師傅《シーフ》」（コック）が、「拉麺」（麺を両手で引っ張る）の工程の真っ最中だった。私に気づくと、「あなたが注文した細麺にするには技術がいるのさ」と、やや自慢げにほほ笑んだ。

ああ、蘭州のあの味が甦る……

待つこと10分あまり、蘭州牛肉麺がテーブルに届いた。碗の上から眺めると、鉄則である「一清・二白・三紅・四緑・五香」は、きっちり守られていた。

スープと麺を一口ずつ啜った瞬間、脳裏には走馬灯のように、蘭州での光景が甦ってきた。老ホテルマン、女将、そして「主役」として鎮座する牛肉麺……。

この店の碗には、粋《いき》な計らいが施してあった。食べ進んで麺とスープが減っていくと、碗の内側に、青色の中山橋《チョンシャンチアオ》が姿を現すのだ。中山橋は、清朝末期の宣統《せんとう》元年（1909年）、蘭州を二分する黄河に初めて架かった鉄橋だ。いまでも中山橋は現役で、蘭州人の誇りでもある。

もっちり、しっとり、もっちり、しっとり……。そうして時を置かず固まっていく。

本場絶品の味が、東京で甦った。

薩斐蘭州牛肉麺◆東京都豊島区池袋2-13-8

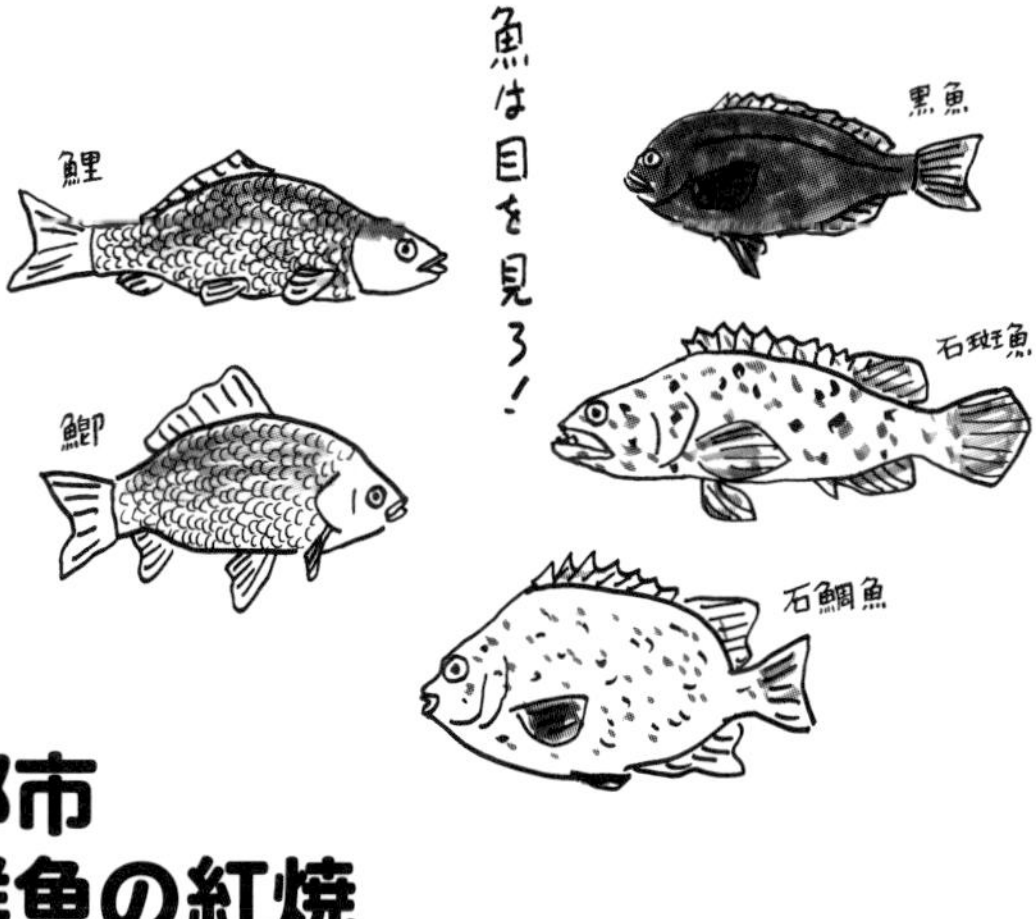

8

海鮮都市——鮮魚の紅焼

大連

中国はおしなべて「反日」というイメージがあるかもしれないが、全国でただ1ヵ所だけ、これまでほとんど「抗日デモ」「反日デモ」が起きていない都市がある。いわば中国一の「親日都市」。それが、渤海《ぼっかい》に面した遼寧《りょうねい》省遼東半島の南端に位置する750万都市、大連だ。

大連《ダーリエン》という名前は、「ダリエ」（遠くの場所）というロシア語に由来しているという。日清戦争（1894〜1895年）で大勝した日本は、山口県出身の伊藤博文首相が下関にある行きつけのふぐ料亭「春帆楼《しゅんぱんろう》」に、李鴻章《りこうしょう》清国（中国）全権代表らを呼びつけ、台湾や遼東半島の割譲《かつじょう》を呑ませた。それが下関条約だ。

私は春帆楼に足を運んだことがあるが、さぞ屈辱的だったろうと思った。実際、下関条約の原版を東京の外交史料館で見たこともあるが、李鴻章代表が押した巨大な黄色い押印が、ひときわ印象的だった。せめて判子の大きさだけは日本に負けないぞ、という意地を感じさせる条約文書だ。

事実、この時の日本は、さすがにやりすぎだろうという声が、国際社会で上がった。その代表格であるフランス・ドイツ・ロシアが、「遼東半島は清国に返還しなさい」と、日本に迫った。いわゆる三国干渉だ。

列強3ヵ国からの圧力に、日本はやむなく遼東半島を返還した。そうしたらロシアは、清国に向かって「功績の見返り」を要求した。それで得たのが、遼東半島の先端の地域だった。ロシア人はその土地を「ダリエ」と呼び、ロシア風の都市建設を始めた。

こうした動きに怒りを強めた日本は、1904年、ついに大国ロシアと一戦を交える。それが日露戦争で、翌年にポーツマス条約を結んで終結した。

日本は、日本海海戦勝利の勢いを見せつけるかのように、ダリエをロシアから譲り受けた。そしてダリエに漢字を当てて、「大連」とした。「大陸と連結する」という意味を込めていたのかもしれない。

大連の名店「天天漁港」の快進撃

日本は大連を起点として、大陸横断鉄道を敷く気宇壮大な計画を立てた。それが南満州鉄道（満鉄）だ。後の新幹線の原型となる「あじあ号」も走った。私は、いまも1輛だけ大連に保管されている「あじあ号」を見せてもらったことがあるが、その規格外の巨大列車に、当時の様子が偲《しの》ばれた。

1906年、満鉄の初代総裁に就任したのが、関東大震災後の東京の都市の原型を創った後藤新平だった。後藤総裁は、ロシア風だったダリエの街並みを、日本風の「大連《だいれん》」に作り替えていった。

日本の統治は、日本が太平洋戦争で敗戦する1945年まで、丸40年続いた。その間、大連は60万人都市となって、大いに繁栄した。それで1949年の中華人民共和国建国後も、大連人は日本時代の建造物や家屋をそのまま使用し、いまに遺《のこ》している。

大連人が日本時代から引き継いだものが、もう一つあった。それは、豊富な海産物に恵まれた、魚介類を中心とした食文化だ。

大連には、東京の豊洲市場のような魚河岸が何ヵ所もあり、早朝から夕刻まで、大いに賑わっている。大連はまさに、中国最大の「海鮮都市」なのだ。

そんな大連で、いまから30年以上前の1992年、大連外国語大学の正門近くに、一軒の小さな海鮮料理店がオープンした。「天　天　漁港《ティエンティエンユイガン》」――毎日漁港のように海産物が溢《あふ》れている店という意味で命名したという。

1995年、初めて大連を訪れた私を案内してくれたのも、大連外大日本語学部の

ＯＢだった。私の父親とほぼ同い年の彼とは、もともと日本で知り合ったが、ヤマトホテル（現・大連賓館）を始めとする大連市内の日本時代の足跡を、一日かけてガイドしてくれた。その間、自分の親族が大連日赤病院（現・大連医科大学附属第一医院）で一命をとりとめた話など、いかに日本の貢献が大きかったかを説いた。

夕刻に母校を案内された。

「ここは１９６４年、周恩来総理の呼びかけで、中国共産党と日本共産党が共同で設立した日本語専門学校だった。私が入学した時分は、日本語教師はすべて日共の日本人だったよ。その後、文化大革命が起こって、日本人は皆、引き揚げたがね」

彼は正門前に立って、そんな思い出話を語ってくれた。だが空腹だった私は、正門前の道をはさんだ向こう側が気になって仕方なかった。

「天天漁港」と看板に書かれた店の前に、所狭しと新鮮な魚介類が並んでいた。奥には活魚用の水槽もあった。まるで「ミニ海鮮市場」だ。

「夕飯はここで食べませんか？　今日のお礼にご馳走しますから」

私が提案すると、彼は「以前はこんな店、なかったけどなあ」と、首をかしげながら中へ入った。

「一生に一度でいいから、海胆《ハイダン》（ウニ）を腹が痛くなるくらい食べたいと思っていたんですよ。それが20代のうちに実現するとは」

私はテーブルに置かれたウニの木箱を前に、ホクホク顔である。何せ1ケース注文して、1000円にも満たなかった。他にもエビ、カニ、アワビ、カキ、ホタテ……豪華海鮮尽くしの夜だった。

私は翌日のランチもディナーも、迷わず「天天漁港」に通い詰めた。その翌日は、昼12時の飛行機で、留学先の北京へ戻らなければならない。

そのことを2日目の晩に、女性店長に愚痴《ぐち》ったら、「それならあなたのために、明日は午前10時に店を開けてあげるわ」と言ってくれた。そこでまた午前中に訪れ、大量の「打包《ダーバオ》」（持ち帰り）までして、北京へ戻ったのだった。

それが「天天漁港」との邂逅《かいこう》だった。

以後、大連を10回近く訪れているが、「天天漁港」は破竹の勢いで発展していった。今世紀に入って中国人は急速に豊かになり、それまで「大連人の特権」だった鮮魚の味に目覚めたのだ。

「天天漁港」は、地元大連で支店が20店舗近くに増え、北京、厦門《アモイ》、深圳《しんせん》、成都……

と全国で計200店舗を超えるまでに成長した。2006年には中国調理協会から、「中華餐飲名店」の称号を授与された。

私自身、大連で最後に「天天漁港」のチェーン店に行ってから、すでに10年近くが経つ。その頃には店舗は巨大化し、その時入った店だけで100人以上の従業員を雇っていた。もはや「ウニ1ケース」など、とても注文できない値段に変わっていた。

それでも、私にとって渤海の爽風香《そうふうかぐわ》しい「大連グルメ」と言えば、「天天漁港」の海鮮類なのだ。

「本日釣りたて」のスズキを紅焼で

東京で、あのような贅沢な「大連グルメ」など望むべくもないというのは、重々承知している。だがそれでも、大連人が開いた「**四季海岸**」という店が、池袋のガチ中華街の一角にあると耳にした。

「四季海岸」というネーミングに惹《ひ》かれて、春の日の夕刻、ぶらっと足を運んだ。

エレベーターで4階まで上がり、店の扉を開ける。正面に大きな水槽群が、目に飛び込んできた。

　水槽の前で、男性店員が魚を仕込んでいた。

「どんな魚が入っているんですか？」――中国語で尋ねると、立ち上がって指さしながら答えた。

「黒魚《ヘイユイ》、石斑魚《シーバンユイ》、石鯛魚《シーディアオユイ》、鯉魚《リーユイ》、鯽魚《ジーユイ》、甲魚《ジアユイ》、基囲蝦《ジーウェイシア》……」

　すっかり見とれていると、ダメ押しのように告げた。

「今日だけですがね、鱸魚《ルーユイ》（スズキ）も2尾だけ入っています。実はね、常連の中国人客が今朝、海で釣り上げたものなんですよ。自慢げに持って来たので、店で買い取りました」

　店員はわざわざ、そのうちの一匹を氷箱に入れて、見せてくれた。鱸魚の目が黒光りしている。

「ほうーっ」。思わずため息が出た。

「天天漁港」では、「魚は目を見ろ」と教えられたものだ。黒々としていたら、つい先ほどまで活きていた証拠。これはもう、注文するしかない。

「時価ですがね、5880円でお出しします。『**紅焼鱸魚**《ホンシャオルーユイ》』**（スズキの醤油煮込み）**にす

水槽内には鮮魚がひしめいていた

その日の朝に海で釣り上げたスズキ。
目玉が黒光りしている

ると、最高に旨いですよ」

このあたりから、気分は「天天漁港」である。「四季海岸」は１００席以上ある大型店だが、中国人客でほぼ満席だった。

鱸魚だけでは物足りないので、「水煮魚《シュイジューユイ》」も頼んだ。**四川風ピリ辛の白身魚の煮込みだ**。それに**水餃子《シュイジアオズ》と青島《チンダオ》ビール**、以上である。

紅焼のスープに水餃子を浸して……旨い！

先に運ばれてきたのは、水煮魚だった。

水煮魚には多く、巴沙魚《バーシャーユイ》（バサ）の白身が使われる。日本人には、フライドフィッシュでおなじみの淡水魚だ。これにタラ、ネギ、モヤシ、赤トウガラシなどを混ぜて煮込む。

大連風ではなく四川風だが、今時の中国の若者たちは、この料理に目がない。この日の店内でも、そこかしこのテーブルで見かけたので、「入郷随俗《ルーシアンスイスー》」（郷に入りては郷に従え）で頼んだのだ。

「辛み」と「絡み」——ピリ辛スープを含んだ柔らかな白身魚が、ネギやモヤシと絶妙に絡まり、美味に仕上がっていた。「90後《ジウリンホウ》」（1990年代生まれ）や「00後《リンリンホウ》」（2000年代生まれ）の若者たちが「水煮魚を食べると元気が湧《わ》いてくる」と言うのも肯《うなず》ける。

さて、「前座」に舌鼓《したつづみ》を打ってしばらく経つと、おごそかな雰囲気の「真打ち」が登場した。「紅焼鱸魚」である。

大皿の中に、先ほどの鱸魚が、土気色に姿を変えて横たわっていた。上に香菜（パクチー）が添えてある。

身はホクホクして、中国醬油のスープと絶妙のハーモニーを醸《かも》し出している。特に、尾鰭《おひれ》に近い部分が美味だった。中国の美食家の中には、魚は尾鰭の弾力によって身が引き締まった下半身しか食さないという人もいるほどだ。

「紅焼」のスープは、大連風のやや薄味である。それだけに、大皿料理でも途中で飽きがこない。

さらに発見があった。水餃子をこのスープに浸して食べると絶妙にマッチするのだ。

「水煮魚」は中国の若者たちに人気のメニュー

見事に調理された「紅焼鱸魚」

これに爽快な青島ビールが加われば、鬼に金棒だった。青島は大連のある遼寧省ではなく渤海を挟んだ対岸にある山東省だが、遼東半島と山東半島は船便で結ばれている。実際、大連には大連ビールもあるが、青島ビールの方が人気だ。

「歌は世につれ」と言うが、「魚も世につれ」である。あの1995年の衝撃的な「天天漁港」は、もはやどこにも存在しない。いま大連にあるのは、前述のように巨大なチェーン店と化した高級海鮮レストランだ。入り口の看板には、あでやかなネオンが光り輝き、毎日何千人もの客を呑《の》み込んでいる。

そして、いま私が舌鼓を打っているのは、渤海、黄海、東シナ海、そして日本海を越えた先にある東京の、ガタピシしたエレベーターで昇った「四季海岸」で供された鱸魚である。

それでも、ささやかな幸福感を覚えることに違いはない。

四季海岸 ◆東京都豊島区西池袋1-36-8 4F

9

台湾

東京一の大根餅と生唐辛子

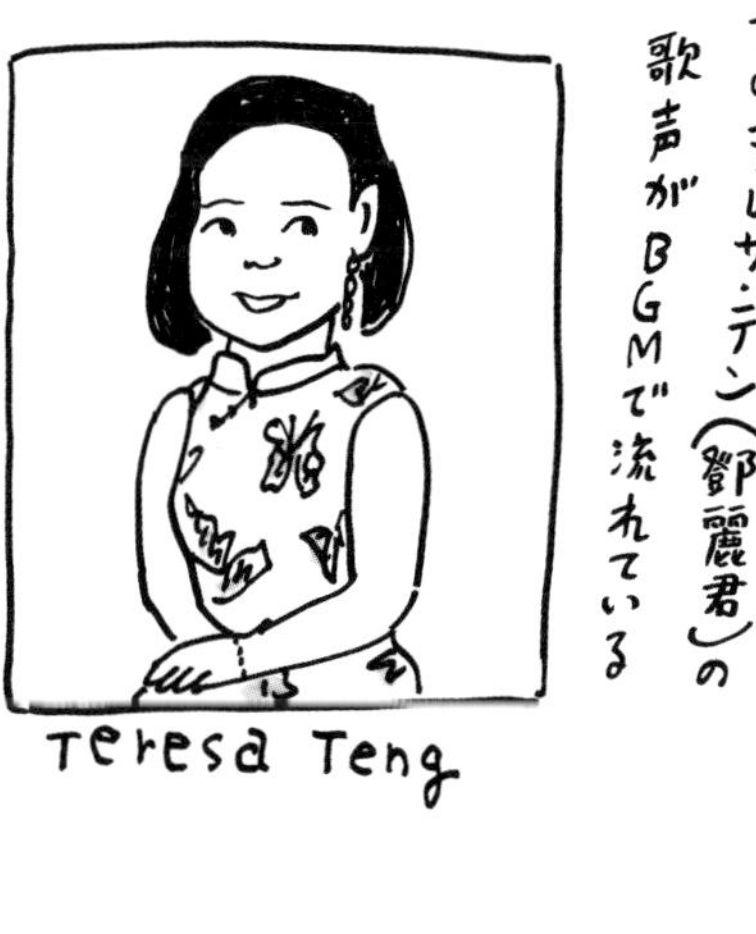
甘いテレサ・テン（鄧麗君）の

初夏の日差しがまぶしい都心の午後のカフェ。私は、長期にわたって都内に住む旧知の台湾人夫妻と向かい合っていた。

彼らとは、久々の再会だった。世間話が一巡したところで、私がおもむろに訊ねた。

「東京に暮らしていると、たまには故郷の味が恋しくなるでしょう。そんな時、どこへ行くんですか？」

二人は互いに顔を見合わせると、ほぼ同時に答えた。

「『**福琳**《フーリン》』……麻布十番の」

それからは、夫妻の「福琳話」が止まらなくなった。いかに美味なる台湾家庭料理を供するか、店を切り盛りする台湾人夫婦がいかに心温かい人たちか……。

私は一人、想像を膨らますしかなかった。

「福琳」という中国語を聞いて思い起こすのは、シャレではないが、「風鈴」である。「琳」とは、古代の高貴な人たちを魅了した「碧《あお》い玉」のこと。それが転じて、並んだ玉が連鎖して奏でる音をも指す。

そのため「福琳」とは、「福玉」であり「福音」なのだ。私の脳裏では、すでにやんごとなき台湾の「玉の音」が鳴り響いていた――。

南国らしい爽やかなのど越しの台湾ビールは創業100年を超えた

初来店なのにまさかの「再会」

数日後の夕刻、開店時間を見計らって、地下鉄の麻布十番駅のほぼ真上にある建物の2階の店を訪れた。

「ガチ中華」店の場合、「その夜1番目の客」になるのが理想だ。少なからぬ中国人コックが、時間の経過とともに惰性《だせい》で料理を作り始める傾向があるからだ。

「歓迎光臨《ホアンイングアンリン》！　いらっしゃいませ！」

台湾人ママの美声が響く。店内には、甘いテレサ・テン（鄧麗君）の歌声が、BGMで流れている。

奥の席に通されたが、その間、ママはじっと私の顔を見つめていた。

「ワタシ、アナタ、会ったことある！」

唐突に言った。

「はっ？　私、この店に来たの初めてですけど……」

「アナタ、家、池袋ね」

「以前は、そうでしたけど……」

「T（もう閉まった店なので頭文字で表記する）という店、覚えてる？」

「あの西口にあった小さな台湾料理店」

「そうよ！　アナタよく来てたじゃない」

私の記憶が、30年近く前にタイムスリップした――。

1990年代、私は池袋駅から徒歩20分くらいのマンションに住んでいた。家までちょうど中間地点くらいの路地の右手に、赤いネオンの看板が目印のこぢんまりした台湾料理店「T」があった。まだインターネットも普及していない時代、「台湾料理ファン」たちが遠方からも訪れる「伝説の店」だった。

深夜まで営業していたので、疲れて帰宅する途中に、小腹が減ってよく立ち寄ったものだ。そこで台湾ビールとつまみをいただくこともあれば、餃子や炒め物などを包んでもらって持ち帰ることもあった。

だがその後、私は日系企業の駐在員として北京に赴任。東京へ戻ってくると、「T」は消えていた。

「池袋の店を閉めて、こちらに移って来たのよ」

そう言ってママは、いったん奥へ下がると、メニュー帳を持って来て私に渡した。

何とそれは、「福琳」のではなく、あの懐かしい「T」のものだった！

蘿蔔糕《ルオボガオ》（大根餅）、**蚵仔煎《クーザイジエン》（カキのお好み焼き風）**、**台湾炒米粉《タイウァンチャオミーフン》（台湾名物焼きビーフン）**、**小籠包《シアオロンバオ》**、**水晶蝦餃《シュイジンシアジアオ》（蒸しエビ餃子）**、**水餃子《シュイジアオズ》**……。

懐かしのメニューが並んでいた。しかも、当たり前だが安い！

「もう10年以上前に店を閉めたけどね、私たちが台湾から出てきて、苦労して始めた店だから、いまでもメニューを残してあるの」

かくして私は、「福琳」では一見《いちげん》客のはずなのに、すでに気分は「常連」だった。

代わって、「福琳」のメニューを渡される。蚵仔煎も炒米粉も倍近くに値上がりしていたが、旨そうな写真が並んでいる。蘿蔔糕はランチの付け合わせとして出しているというが、「再会を祝して、サービスしてあげるわ」。

この3品を頼むと、ママは「好的《ハオダ》（ＯＫ）、謝謝《シエシエ》！」と言って、付け加えた。

「今日は、新鮮な苦瓜《クーグア》（ゴーヤ）が入ってるの。裏メニューで、『**小魚乾炒苦瓜《シアオユイガンチャオクーグア》**』**（小魚とゴーヤ炒め）**も出してあげる」

今度は私が、「謝謝！」と答える番だった。

「蘿蔔糕」は左の自家製生唐辛子との相性が抜群

幸せな気分に浸れる「蚵仔煎」。
カキは主人自ら豊洲市場で買ってくる

祖母が作ってくれた台湾料理「3点セット」

注文を終え、美声を響かせているテレサ・テンを聴きながら、改めて考えた。台湾料理とは何ぞや？

実はこれに対する解答は、当の台湾人の間でも意見が分かれている。それは、台湾の複雑な歴史による。

2342万（2023年末）台湾人の家系を辿れば、第二次世界大戦の終戦前から台湾に住んでいた「本省人《ほんしょうじん》」と、終戦後に中国大陸から渡ってきた「外省人《がいしょうじん》」とに分かれる。

さらに「本省人」は、古代から台湾に住んでいた原住民族と、どこかの時点で中国大陸から移り住んできた、主に台湾語（閩南語《びんなん》）を母語とする漢民族とに分かれる。

一方の「外省人」は、共産党との国共内戦（1946〜49年）に敗れて、国民党軍とともに落ち延びてきた中国語を母語とする人が多いが、その出身地は中国全土に及ぶ。

そして時代と共に、「本省人」と「外省人」が結婚して、二世、三世……となって、いまでは皆が台湾人だ。２０２４年2月に発表された台湾人の意識調査では、「自分は台湾人」と答えた人が61・７％に上ったのに対し、「中国人」と答えた人は２・４％しかいなかった。言葉は中国語の方が主流だが、台湾語も話すバイリンガルも多い。

こうしたことから、台湾では多種多様な中華料理が食されている。広義で捉えるなら、それらすべてが「台湾料理」だ。

私にとって台湾料理とは、次の二つのいずれかの条件を満たす料理である。一つは、台湾人の日常食だが、中国大陸ではあまり見かけない料理。たとえ厦門《アモイ》を中心とした福建省南部（閩南語圏）で同様に食されていたとしても、広く中国全土には浸透していない料理である。

もう一つは、母方の祖母がよく作ってくれた料理である。私の祖母は鹿児島県出身の日本人だが、１８９５（明治28）年に日本が台湾を植民地として併合するや、一族で鹿児島から台北に移住した。１９０８（明治41）年生まれの祖母も台北生まれで、１９４５（昭和20）年に日本が敗戦するまで現地で暮らしていた。

そのため、祖母は和食よりも台湾料理を作るのが得意だった。私は、そんな祖母の料理を食べて育った。

いずれにしても、私はこれまで台湾に何度となく足を運んでいるが、台湾料理は、台湾人的性格を具現した(?)「まったりした味付け」が、最大の特長である。

その代表格と私が勝手にみなしているのが、いま注文した蘿蔔糕、蚵仔煎、炒米粉の「3点セット」なのだ。

悲しいことに、私は台湾語ができないため、これらの料理を原語で言えない。中国語読みするなら、ルオボガオ、クーザイジエン、チャオミーフン。台湾へ行くと、いつも申し訳ない気持ちになりながら、中国語で注文している。先ほども同様だった。

加えて今宵は、ママとの思いがけない再会を祝して、**台湾ビール**と**台湾紹興酒**という「両手に花」で、料理を待つことにした。

緑のビンでおなじみの台湾ビールは、日本植民地時代の1920(大正9)年、日本資本で生産を開始した「高砂麦酒《たかさごビール》」が前身である。日本の敗戦後、1949年に国民党(中華民国)政府が接収して国有化。民進党政権下の2002年になって、民営化された。

2020年1月、私は台湾総統選挙の取材で訪台したが、総統選挙とともに、台湾

繊細な味の台湾紹興酒には「話梅」が合う

ビール100周年でも盛り上がっていた。南国らしい爽快感のあるのど越しが特長で、台湾料理との相性が抜群だ。

台湾紹興酒は、各種メーカーのものがあるが、一般に中国大陸の紹興酒よりも、味が繊細である。これは台湾茶も同様だ。かつ、台湾人は「**話梅**《ホアメイ》」（**乾燥梅干し**）をグラスに入れて飲むのを好む。

私は、紹興酒はロックで飲むのが好きだが、台湾料理を食する時だけ、台湾紹興酒に「話梅」を少しだけ入れて飲む。「剛《ごう》の大陸」に対して、「柔《じゅう》の台湾」。何事もソフトムードが、タイワニーズ・スタイルなのだ。

東京一の大根餅を自家製生唐辛子でいただく

ママが、蘿蔔糕を運んでくる。赤色の甘ダレは必ず付いてくるが、もう一つのタレは何？

「これは自家製の生唐辛子。ウチの蘿蔔糕はね、東京で一番おいしいのよ。絶対の自信アリ。この生唐辛子を付けて食べてね」

確かに、名にしおう絶品だった。柔らかな歯ごたえの蘿蔔糕と、ピリリとするが温かみのある辛さの生唐辛子が、口中で絶妙に溶け込んでいくのだ。

「これ、旨いね！」

思わず告げると、ママはニコッとして、そそくさと厨房へ向かい、戻ってきた。

「今日は特別に、生唐辛子のお代わりをあげるわ。いろんな人から譲《ゆず》ってくれって頼まれるんだけど、『この味はここで食べていって』と言って、断ってるの」

続いて、蚵仔煎が供された。皿からこぼれ落ちそうだ。

台湾で蚵仔煎を食べると、なぜだか幸せな気分になる。だが今宵は、東京で同じ思いに浸《ひた》れた。

卵焼き部分のほどよい塩加減。それに、温まったカキのホクホク感がたまらない。

「夫が毎朝早く、豊洲市場へ行って、蚵仔煎に一番合いそうなカキを選んでくるのよ。だからいつも新鮮」

3皿目は、ママお勧めの小魚乾炒苦瓜だった。

日本では沖縄料理の定番であるゴーヤの緑を目にした時、とうの昔に他界した祖母のツヤツヤした顔が脳裏をよぎった。祖母は、「台湾人はゴーヤを食べるから肌がき

ゴーヤが入ると〝裏メニュー〟で
出してくれる「小魚乾炒苦瓜」

濃厚な味付けながらさっぱりした「台湾炒米粉」

れいなの」と言って、死ぬ直前まで自宅の庭にゴーヤを植えて育てていた。

小魚と一緒に食すゴーヤは、硬くも軟らかくもなく、抜群のとろみだ。

そして締めの主食に、台湾炒米粉が、テーブルの中央に置かれた。湯気が匂い立っている。

ビーフンも、祖母が何度作ってくれたか知れない。湯気をかき消すように、酢を多めにかけていただく。

濃厚な味付けながら、さっぱりしている。これぞ台湾料理の醍醐味《だいごみ》だ。

デザートに、手作り**杏仁豆腐**が供された。

多情な台湾料理に、今宵はしごく満腹。ママに感謝していると、奥から主人が姿を見せた。

「私は、偉大なる李登輝総統と同じ三芝人《サンジーレン》だ（三芝は台北の北郊）。彼の父親とは知り合いだった。李登輝総統は97歳で大往生を遂げられたが、私も李総統を見習って、まだまだ現役で、美味しい台湾料理を作り続けるよ」

福琳◆東京都港区麻布十番2-20-5　2F

10

山西

山西料理は黒酢の魔術師

乾杯は「山西人の血」で

いまから十数年前、北京に住んでいた私は、北京西駅から高速鉄道「和諧号《わかい》」に乗って3時間21分、山西省の省都・太原市を訪れた。

夕刻の太原駅には、地元国有銀行幹部の友人が迎えに来てくれた。生粋《きっすい》の山西人で、「わが故郷は中国の銀行発祥の地」というのが自慢だった。明清代に隆盛を誇った「晋《ジン》商《シャン》」（山西商人）たちが、1820年代に銀行券にあたる「山西票号《シャンシーピアオハオ》」を発行した。

山西人は、黄土高原の厳しい自然環境下で、切々と銀行業を営んできたせいか、私が抱くイメージは、「締《し》まり屋」。節約して節約して、いつのまにか大金を貯め込んでいるのが山西人だ。ちなみに山西省は、明治の日本で「資本主義の父」と呼ばれた渋沢栄一を輩出した埼玉県と友好都市関係を結んでいる。

太原駅から、そのまま彼のリムジンに乗って、「三晋飯庄《サンジンファンジュアン》」へ直行した。車中で彼が解説してくれた。

「太原には、『清和元飯店《チンフーユエンファンディエン》』（1632年開店）、『六味斎《リウウェイジャイ》』（1738年開店）といっ

明治通り沿いだが、目立たない地下にひっそりと佇む

た『百年老店《バイニエンラオディエン》』（100年続く伝統的レストラン）があるけれども、いま一番旨い『山《シャン》西菜《シーツァイ》』（山西料理）の名店が、われわれが向かっている1997年開店の『三晉飯庄』だ」

はい、着きました。恭《うやうや》しく通された豪華絢爛《けんらん》ピカピカの店内。そして、名にしおう山西産の名菜の数々――。

店内に入って真っ先に驚かされたのが、隣席の「煤王《メイワン》」（石炭会社社長）たちの宴会の風景だった。山西省と言えば、最大の特産品は石炭である。

バブル景気に沸いていた当時の太原では、欧米の高級ブランド店が軒を並べ、成金趣味の格好をした「煤王」たちが、美女《メイニュイ》を引き連れて闊歩《かっぽ》していた。北京でも「煤王」たちが幅を利かせ、高級マンションを買い漁っていたものだ。

そんな「煤王」たちは、何と最初の乾杯を、「山西老陳醋《シャンシーラオチェンツー》」（山西省特産の黒酢）を小皿になみなみと注いで、行っていたのである。

「乾杯はビールでなく、黒酢？」

私が友人に訊ねると、彼はニコニコしながら答えた。

「山西でも普通はビールだけど、本当に吉事があった時には、ああやって『山西老陳醋』で乾杯したりする。彼らも、何かの大型契約が成立したとか言っているではないか。『山西老陳醋』は、『山西人の血』なのさ」

　そこで私たちも、特に吉事があったわけではないが、隣席を見習って「山西老陳醋」で乾杯した。

　黒酢の香りが、ツーンと鼻を突く。そして飲み干したとたん、確かに黒酢が血液となって、身体の末端まで沁《し》み渡っていくような心地がしてきた。

　日本の白酢とは似て非なるもので、旨みと深いコクがある。友人は、「北京では多くのニセモノが出回っているが、これは本物」と太鼓判を押していた。

　さて、ここから話は、初夏の東京に飛ぶ。某出版社の幹部が、ご馳走してくれるという。指定された店は、東京・新大久保の一角にオープンした激辛の韓国料理店だった。狭い店内は日本のOLたちでごった返していて、まもなく店外に行列ができた。

　だがその店、正直に言うと、「韓国料理もどき店」だった。１９８０年代から本場の韓国料理を求めて、韓国国内を放浪してきた私としては、心躍らない。

　それは中華料理店でも同様だ。東京でミシュランを取った著名日本人シェフの中華料理店にも、いろんな会食で呼ばれて行ったことがあるが、多くは幻滅に終わる。それは第一に、「もどき店」のとてつもなく高い値段と、それに見合わない陳腐な味に。第二に、それを「旨い、旨い」といって食する日本人の同席者に対してである。

「近藤は中国の専門家だから」と言って、名のある中華料理店で接待してくれるのはありがたい。だがホンネを言えば、「中華だけはやめて下さい」。

そうしたこともあって、今日も行きます、ガチ中華店！

ともかく、その日は「韓国料理もどき店」で、箸《はし》が進まなかった。対面した幹部氏が、私の分まで遠慮なく頬張りながら、ふと口にした。

「私は新大久保フリークで、よくこの辺りに出没しているんだ。最近、いつも行列ができてるのが、この店と、近くにある中華料理店。そちらは『**山西亭**』っていう店で、中国人ばかり並んでいるので、気が引けてまだ入ったことがない」

「山西亭」という言葉に、私の五感がピクッと反応した。

「その店名、『山西料理の店』という意味ですよね」

「えっ、山西《やまにし》さんがやってる店かと思ってた（笑）」

もうこの辺りから、私は尻がソワソワしてきた。

「二次会は私が持ちますから、いまからその『山西亭』に行ってみませんか？」

典型的な山西菜の「過油肉」。黒酢の香りが漂う

クミンの香りが麗しい「孜然豆腐」

そうして、早々に「韓国料理もどき店」を引き上げて、われわれは『山西亭』に向かったのだった。

あっさりしていなければ「過油肉」ではない

その店は、明治通り沿いの、とある古びたビルの地下にあった。薄暗い階段を下っていくさなかから、あの懐かしい「山西老陳醋」の香りが漂ってきた。これは吉報の前兆に違いない。

店の扉を開けたとたん、正面の壁一面に貼ってある「五台山《ウータイシャン》」のポスターが目に飛び込んできた。「五台山」（標高3058m）は、言ってみれば「山西省の富士山」。五つの峰から成り、「華北の背骨」と称される。中国4大仏教名山の一角でもあり、100を超える寺院がひしめいている。私は登りはしなかったが、前述の友人の車で麓まで行った。

「我們《ウォーメン》的《ダ》老郷《ラオシアン》」（私たちの故郷なの）――「老《ラオ》板娘《バニャン》」（女性店長）が、雄大な五台山のポスターを指さして言った。どうやら家族経営の店のようだ。

彼女は背筋を伸ばすと、もう一言付け加えた。

「這里是東京唯一《チャーリーシートンジンウェイイー》的《ダ》地道《ディタオ》的《ダ》山西餐館《シャンシーツァングァン》」（ここは東京で唯一の本物の山西料理レストランよ）

私は反射的に質《ただ》した。

「那有過油肉《ナーヨウグオヨウロウ》嗎《マ》？」（それなら「**過油肉**」はありますか？）

「当然《タンラン》、而且有三種《アルチエヨウサンジョン》」（もちろんよ、しかも3種類）

3種類とは、素の「過油肉」と焼きそばを混ぜたもの、それにジャガイモを混ぜたものだそうだ。まだ何も食べないうちから、頬が紅潮してくる。

「過油肉」は、最も典型的な山西省の「家常菜《ジアチャンツァイ》」（家庭料理）である。別名は、「三晋《サンジン》一味《イーワー》」。古代戦国時代には、魏《ぎ》・趙《ちょう》・韓《かん》の三国が、「晋《しん》」（山西省）の覇権を争った。その3ヵ国の土地に住む人たちが、一様に好む味（料理）という意味だ。

「山西亭」では、メニューに「**豚肉と野菜の香酢炒め**」という訳を載せていた。

他に、「**孜然豆腐《ズーランドウフ》**」（**揚げ豆腐のクミン風炒め**）、「**不爛子《ブーランズ》**」（**ジャガイモ入り蒸し麺の焼きそば**）、「**蓧麺栲栳栳《ヨウミエンカオラオラオ》**」（**蓧麺《ようめん》のせいろ蒸し**）を注文した。いずれも冒頭述べた「三晋飯庄」で感銘を受けた、山西省の郷土料理だ。

初めに供されたのは、「過油肉」だった。沸き立つ湯気から、「山西老陳醋」のほんわかと酸っぱい香りが漂ってくる。これを山西人は、「醋香好《ツーシアンハオ》！」（酢の香りがよい）と言って愛《め》でる。

「過油肉」は、豚肉、ニンニクの芽、タマネギ、キクラゲなどを炒めた料理だが、特徴が2点ある。一つは、「山西老陳醋」を惜しげもなく振りかけて炒めること。もう一つは、その結果として、豚肉がふっくらと柔らかいことだ。

初めて本場の「過油肉」を口にした時、私は前述の友人に言ったものだ。

「『過油肉』（油の過ぎた肉）という名前の割に、実にあっさりした味付けだね」

すると友人は、「その通り！　あっさりしていなければ『過油肉』ではない」と相槌を打った。

「山西亭」の「過油肉」も、実にあっさりした味付けに仕上がっていた。黒酢が、豚肉やタマネギなどの隅々にまで滴《したた》っているのだ。

続いて、「孜然豆腐」がテーブルに置かれた。今度はたちまち、クミン（孜然《ズーラン》）の香りが漂う。

これは私の想像だが、古代において、シルクロードの中央アジアからもたらされるクミンは、高級食材だったはずだ。そのため、豆腐にクミンの衣を付けて揚げる「孜

山西版フライドポテトの「不爛子」

山西人の主食「蓧麺栲栳栳」

然豆腐」も、「晴れの日の料理」だったであろう。それは、山西人が日々口にしている「酢の文化」とは異質のものだ。

柔らかな豆腐の食感と、クミンの絶妙なマッチング。このように漢人と胡人《こじん》（中央アジア人）も、古代からそうやって交じり合って生きてきたのだ。

「ハチの巣状のせいろ蒸し」に舌鼓

3皿目は、「不爛子」。この料理を、私は勝手に「山西フライドポテト」と呼んでいる。

前述の友人にそう告げたら、糺《ただ》された。「それは言い得て妙だが、アメリカのフライドポテトより10倍、栄養価が高いぞ！」

確かに「不爛子」は、小麦粉をまぶして炒めたジャガイモが「主役」として威張っているが、それだけではない。ピーマン、ニンジン、パクチーといった「脇役たち」を従えているのだ。加えて、青唐辛子を数切れ、それとなくまぶしているところに、この店の山西人シェフの矜持《きょうじ》がうかがえる。

「われわれ山西人は『不爛子』を、主食としてもおかずとしても食べる。かつ、『過油肉』とも、とてもよく合うの」

「老板娘」が言い添える。

「過油肉」と合うというのは事実だ。黒酢味の豚肉と、塩味のポテトの相性のよいこと。そう言えば西洋料理でも、ステーキやハンバーグの脇に、フライドポテトを添えるではないか。

最後に供されたのが、「篠麺栲栳栳」だった。この料理こそ、山西人の主食である。「篠麺」というのは、黄土高原に生える「篠麦《ヨウマイ》」から作る麺のこと。腹持ちがよい上、カルシウム、リン、鉄分、それにリノール酸などが含まれているため、古代から黄土高原に住む人々の主食となってきた。

それを、「三生三熟《サンシエンサンシュー》」と呼ぶ独特の製法で、ハチの巣状（栲栳栳）のせいろ蒸しにしたのが、「篠麺栲栳栳」である。これぞ「山西の流儀」だ。

「篠麺栲栳栳」はつけ麺で、タレは毎度の「山西老陳醋」と、チリソースと卵炒めの2種類。好みで、どちらのタレをつけても構わない。私は交互につけて食べたが、まるで2種類の「篠麺栲栳栳」を食しているかのようなお得な気分がしてきた。

改めて気づいたが、山西料理は柔らかくて、消化しやすい。そのため、子供や高齢者でも食べやすい。

そして何と言っても、酢に始まって、酢に終わる――。

「黒酢の魔法使い」にすっかり酔いしれた帰り際、「老板娘」が告げた。

「この店を始めて8年になるけれど、コロナ禍があったものだから、4年も故郷に帰れなかった。それで来週から1ヵ月間、店を閉めて帰郷することにしたの。

来月にはまた、持ち帰ってきた新鮮な食材で、『地道《ディーダオ》的《ダ》山西菜《シャンシーツァイ》』(本場の山西料理)を提供するわ」

山西亭◆東京都新宿区大久保2-6-10 B1

延辺

「甘辛の誘惑」朝鮮族料理

11

延吉

朝陽川国際空港も、高速鉄道の延吉西駅もまだなかった1990年代初頭の春、北朝鮮との国境沿いに位置する中国延辺朝鮮族自治州を訪れた。中国には、約9割を占める漢族の他に、計55の少数民族が暮らしていて、朝鮮族は約170万人いる。

北京から空路、吉林省の省都・長春まで行き、そこから500km近く、旧式の夜行列車に揺られた。延吉駅に着いたのは早朝だった。

駅舎には、北京の友人の友人にあたる朝鮮族の張氏が、迎えに来てくれた。地元の大学で、朝鮮族の歴史などを教える助教授とのことで、私より15歳ほど年上だった。

駅からタクシーに乗って、その日に泊まることになっている大学の招待所（外部の賓客用の宿泊施設）へ向かう。張助教授とは、朝鮮語（韓国語）で会話した。

「ヨンギレ　インサヌン　オットッスムニカ？」（延吉の印象はどうですか？）

「チョンマル　ケックッタゴ　ポイムニダ」（本当に清潔そうに見えます）

窓外には、驚きの光景が広がっていた。通りにゴミ一つ落ちていなかったのだ。

それまで、北京にせよ長春にせよ、当時の中国の街を一言で表せば、「脏《ザン》」（汚い）。日本から訪れると、失礼だが、まるで「ゴミの街」に降り立ったようだった。人々は歩行中に平気で痰《たん》を吐くし、車窓からゴミを外へポイ捨てする。バスの中では、客たちがヒマワリの種を齧《かじ》っては、殻《から》を床に吐き捨てていた。

「ハハハ、わが朝鮮民族は白を愛する。白は純潔の象徴だ。だから延吉では、毎朝日の出とともに、市民がホウキを持って街を掃き清めるんだ」

その様子は、翌朝しかと目撃した。まだ薄ら寒い黎明《れいめい》の時、一人また一人とホウキやチリトリを持った朝鮮族の人たちが路上に立ち現れ、掃除を始めた。

こぢんまりした通りの向こうからは、曙光《しょこう》が差してきた。何と神聖な朝の光景だろう。この時、「朝が鮮やかな国」という「朝鮮」の意味を、改めて理解した——。

それから15年ほど経った東京。私は、一風変わった国粋主義者の男に出会った。彼は東京の大学を出て、延吉に語学留学に行った。戦前に満州に渡った「大陸浪人」に憧《あこが》れたのだという。

「オレは間島《かんとう》（戦前の延辺一帯の名称）で学んだんだ」と嘯《うそぶ》いていた。

彼は現地で朝鮮族の魅力に取り憑《つ》かれ、帰国すると、東京の新大久保に住み着いた。

「ここは朝鮮族の留学生が一番多い街だから」と言って、ある日のランチ時に、私を一軒の朝鮮族料理店に案内した。

だが、その店は期待外れで、かつて延吉で張助教授が連れて行ってくれた「地元の名店」とは大きく異なっていた。何せ、店内が「脏」。私としては、それだけで失格である。

帰りがけに、店の感想を聞かれたので、正直に言うと、彼は呵々大笑《かかたいしょう》した。

「やっぱり近藤さんはダマせないな。実はオレの彼女が、夜にあの店で働いてるんだよ。本当にウマい朝鮮族料理を食べたかったら、オープンして間もない『延吉香《イエンジーシアン》』が最高だ。今度はそこへ連れていくよ」

それは単なる「口約束」というもので、その後、彼と食事する機会はなかった。ちなみに彼は、数年後に朝鮮族の女性と結婚したと、風の便りで聞いた。

「牛板筋」に朝鮮族の紅を見た

そこからまた、話は15年ほど経て、現在に至る。夏の夕刻、ある取材を終えて、大久保通りを新大久保駅に向かって歩いていたら、ふと目立たない看板を目にした。

「**延吉香**」

清潔に陳列された食材の数々

〝朝鮮族の紅〟が香る「牛板筋」

んっ⁉——「もしかして、あの国粋主義者が言っていた『延吉香』……」

気になって、狭い階段を下り、地下にある店に入ってみた。目が合った中国人と思しき女性店員に、中国語で訊《たず》ねた。

「この店は昔からあるんですか？」

「ええ、新大久保で15年だか20年くらいやっているわ」

会話を交わす間に、私は狭い店内を眺め回した——「ケックックッタダ！」（清潔だ）

そのまま居座って、食事することにした。店内には、朝鮮族っぽくない中国人客たちが三々五々。「メニューはテーブルのパネルをタッチして、自分で注文して下さい」

朝鮮族料理店にも、IT化の流れである。思えば、私にとって朝鮮族自治州の原点は、前述のように、まだ飛行機も高速鉄道もない時分のものだが、いまや国際化の時代だ。多くの朝鮮族が、直行便に乗って韓国へ渡り、特に若者たちは、韓国で先端のITなどを学んでいるのだ。

それでも、タッチパネルをスクロールしているうちに、昔に回帰した。懐かしいメニューの数々が、写真入りで出ていたのだ。

「**牛板筋**《ニウバンジン》」（牛筋辛味和え）、「**老虎菜**《ラオフーツァイ》」（ネギとコリアンダの激辛和え）、「**麻辣豆花牛肉**《マーラードウホアニウロウ》」

（マーラー肉豆腐煮）、「延吉冷麺《イエンジーランミエン》」、「烤冷麺《カオランミエン》」（焼き冷麺）。

あまりの懐かしさに、5皿も注文してしまった。「ガチ中華」の利点の一つは、食べ残した料理をすべて持ち帰れるところだ。これを「打包《ダーバオ》」と言う。店としても、「打包」を奨励した方が、客が余計に注文してくれるし、捨てるゴミも減る。中国でこの習慣は、コロナ禍の前からで、正確には1995年に当時の江沢民国家主席が提唱。その後、全国のレストランに「打包」用の容器の常備を義務づけた。東京の「ガチ中華店」では、こうしたところまで本国の習慣を見習っている。

店の壁面には、雄大な長白山（標高2744m）の絵が掲げてあった。中朝国境にまたがる朝鮮民族の「聖山」である。

特に北朝鮮は、この山を白頭山《ペクトゥサン》と呼び、「民族の聖地」としている。「建国の父」金《キム》日成《イルソン》主席がかつて抗日パルチザン運動を起こし、長男の金正日《キムジョンイル》総書記が誕生した地と教えているからだ。

そのため、金一族の別名は「白頭の血統」。最近では、2018年9月に「親北派」の文在寅《ムンジェイン》韓国大統領が訪朝した際、金正恩《キムジョンウン》国務委員長がわざわざ、文大統領を白頭山の山頂まで案内したほどだ。

私も30年以上前、長白山を登山した。途中で、横を歩く長身の中国人女性と一緒になった。年の頃は50歳くらいで、秘書と思しき青年を従えていた。

誰かに似ている！　気になったので声をかけてみたら、李訥《りとつ》女史だった。毛沢東主席と4番目の妻・江青《こうせい》夫人との間に生まれた一人娘である。

「一度、長白山を登ってみたいと思っていたのよ」

彼女は、屈託なく笑って言った。そう言えば、毛沢東主席の長男・毛岸英《がんえい》氏は、1950年に勃発《ぼっぱつ》した朝鮮戦争に、彭徳懐《ほうとくかい》司令官のロシア語通訳として従軍中、北朝鮮で戦死している。現在でも墓碑《ぼひ》が、平壌郊外に残っている。

途中の温泉で一息入れたりして、中国最大のカルデラ湖である天池（標高2189m）まで行った。この天池は、松花江《しょうかこう》、鴨緑江《おうりょくこう》、図們江《ともんこう》という東北三大河川の水源になっていて、「聖なる池」とされる。

だが、期待していた天池は、さして美しいとは思わなかった。空が曇っていたせいかもしれない。後に、「もう一つの天池」こと、新疆《しんきょう》ウイグル自治区阜康《ふこう》市にある天山天池にも登ったが、こちらの方が、池の青と空の青が一体化して、この世のものとは思えない絶景だった。

夏にもってこいの冷菜「老虎菜」

牛肉が柔らかい大皿の「麻辣豆花牛肉」

「延吉香」の話に戻る。冷菜の一皿目、「牛板筋」が運ばれてきた。

う〜ん、ネムセ（香り）！　これぞ、張助教授が誇っていた「朝鮮族の紅《あか》」である。

朝鮮族料理は、韓国料理、もしくは（北）朝鮮料理と何が違うのか？　私が問うと、張助教授は、「単に個人的見解だが」と断って、こう講釈を垂れた。

「韓国料理は激辛で、（北）朝鮮料理は水辛い。それに対して、われわれ朝鮮族の料理は甘辛い。これらは、似て非なるものだ。

同様に、朝鮮民族というのは、韓国と北朝鮮に住む人々のことだと思われているが、それは違う。どっこい中国にも、似て非なるわれわれ朝鮮族が生きているのだ。

性格も、一般に韓国人は激辛で、（北）朝鮮人はどことなく水っぽい。それに比べて、われわれ中国の朝鮮族は、中国人のように甘ったるくもあり、朝鮮人のように辛くもある。つまり甘辛い。あくまでもイメージだけれどもね」

ボリュームたっぷり「第3極の冷麺」

冷菜の二皿目は、「老虎菜」。

中国で「香菜《シアンツァイ》」と呼ばれるパクチーと長ネギ、キュウリを「甘辛く」和えた一品だ。口中に「サッパリ感」が広がっていく。

まさに、蒸し暑い夏の夜にピッタリの冷菜だ。冬は零下20度前後まで下がる朝鮮族自治州も、夏は蒸し暑いのである。

さて、温菜は「麻辣豆花牛肉」。こちらは大皿で、堂々たる風格だ。

やはり甘辛の味付けで、あんかけはスープとして飲むこともできる。そして、惜しげもなくぶち込まれた牛肉片は、とろとろの柔らかさ。朝鮮族のサナイ（精悍《せいかん》な男）たちは、この大皿をペロリと平らげてしまう。

そしてお待ちかね、「延吉冷麺」の登場である。蕎麦《そば》粉《こ》を主原料とした、朝鮮料理独特の麺で、茹《ゆ》で上がった麺を冷水で冷やすのが特徴だ。

一般に冷麺と言えば、北朝鮮の「平壌《ピョンヤン》冷麺」と、やはり北朝鮮東北部の「咸興《ハムン》冷麺」が2大冷麺とされる。韓国でも冷麺は食されているが、朝鮮戦争の時に北朝鮮から南下した避難民が伝えたものだ。

最近では、2018年4月に南北軍事境界線上にある板門店で開かれた南北首脳会談で、金正恩委員長が文在寅大統領に食べさせようと、平壌の名店『玉流館《オンリュグァン》』の冷麺を、ディナーの席に持ち込んだ。残念ながら、その前の南北首脳会談が盛り上がりすぎたため、麺はすっかり伸びてしまったが。その後、コックが粛清されなかったか気になったものだ。

このように北朝鮮が誇る冷麺だが、くだんの張助教授に言わせると、「延吉冷麺を含めて3大冷麺」なのだという。確かに延吉冷麺は、リンゴ、卵、蒸し牛肉、キュウリなどが入って、ボリューム感たっぷりである。そして、麺にコシがある。かつ白酢がたっぷり効いているせいで、サッパリしている。まさに延吉の夏を彩《いろど》るにふさわしい逸品だ。

「コチュジャンをもっとしっかり混ぜた方が、おいしく食べられるわよ」

女性店員が、横からアドバイスしてくれた。コチュジャンは、碗の片隅にどっと盛ってあったのだが、日本人の私は不器用で、なかなかスープと均一に混ざらないのだ。

この日は、さらにもう一品、おまけを頼んであった。「烤冷麺」である。

中国には、伝統的なファストフードである「煎餅《ジエンビン》」という料理がある。街中のどこでも売っていて、中国人は昔から、小腹がすくと「煎餅」をぱくつく習慣があった。

その「煎餅」の朝鮮族版と言えるのが、「烤冷麺」なのだ。あえて勝手に名づける

ボリューム感たっぷりの「延吉冷麺」

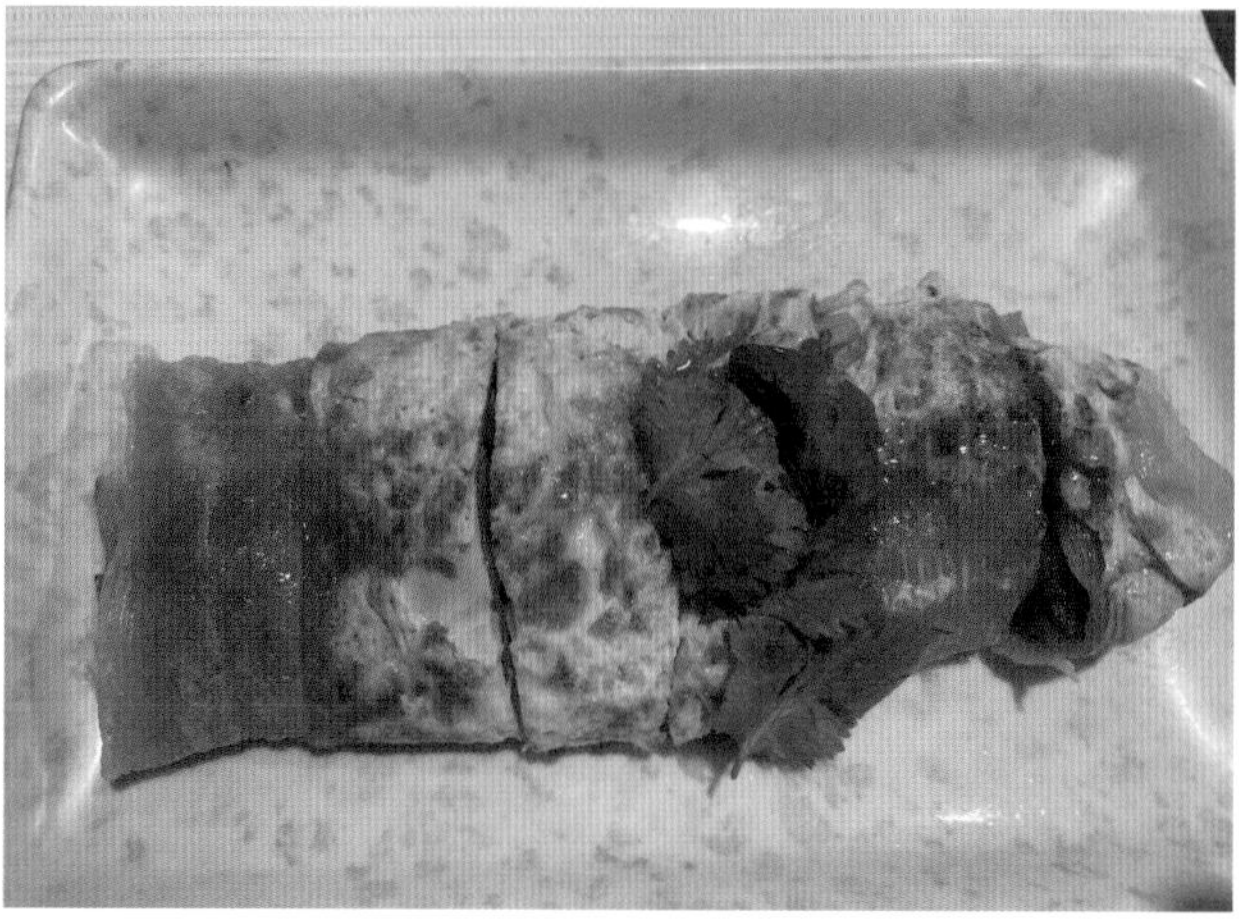

「朝鮮族のクレープ」とも言える「烤冷麵」

なら「朝鮮族クレープ」。中には丸々としたウインナーが入っていた。「いまの中国の若者が大好きなので、メニューに入れているんです」（女性店員）

もう、「ペブルロチュッケッソ」（腹一杯で動けない）。

それにしても、激辛の韓国料理とも、水辛の朝鮮料理とも似て非なる、朝鮮族料理の「甘辛の魅惑」。まさに「食は族なり」である。

延吉香◆東京都新宿区百人町2-2-1 B1

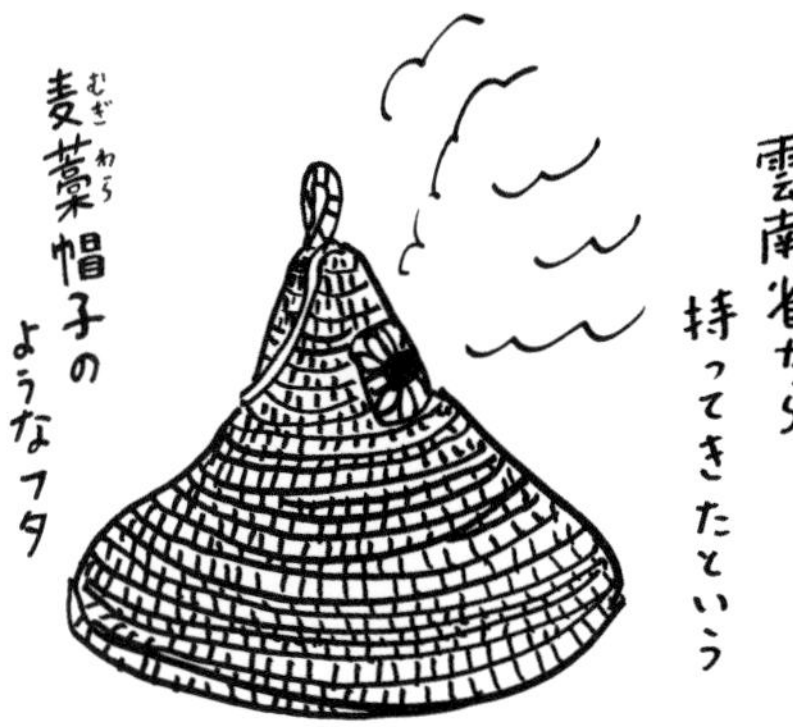
雲南省から持ってきたという

12

麦藁帽子で轟音豪快 ——「蒸し蒸し鍋」

雲南

蒸し料理の王国

中国の南西部に位置する、日本より広い雲南省を旅した時に考えた。なぜこの地を「雲南《ユンナン》」と呼ぶのだろう？

雲南省には、漢民族の他に、25の少数民族が住んでいる。本当はもっと多様な少数民族が暮らしているらしいが、人口が5000人を切ると、「少数民族」にカウントされなくなるのだとか。

たしかに省内の山岳地帯を彷徨《ほうこう》していると、まだまだ「未知なる少数民族」が生活しているのではと思えてくる。

それで、なぜに「雲南」なの？　案内してくれた旅行ガイドは、「賓川《ひんせん》県に聳《そび》える鶏足山《ジーズーシャン》（標高3320m）を、古代には『雲山《ユンシャン》』と呼び、その南側に県城があったからです」と、もっともらしく教えてくれた。

ところが、省都・昆明《クンミン》の役人に聞くと、「この地に初めて県城を構えた時、北側に見たこともない雲彩《うんさい》が現れたため、これを吉祥《きちじょう》として『雲南』と名づけたのだ」と

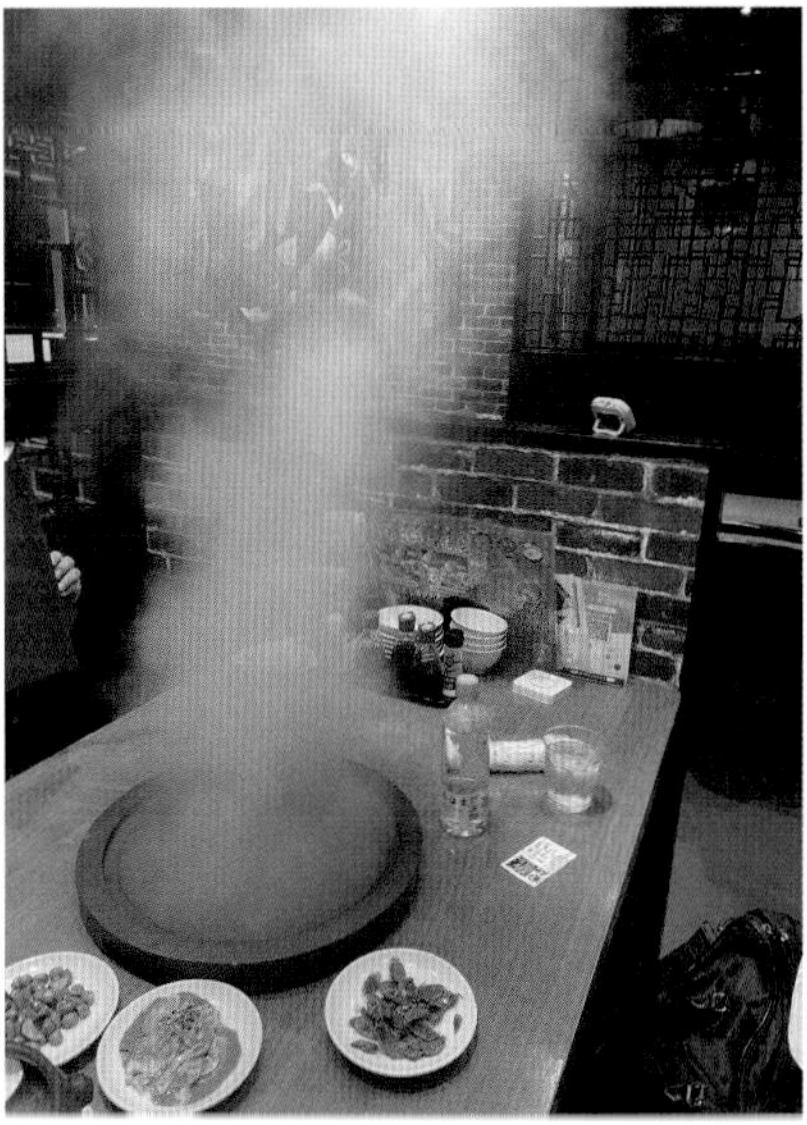

轟音とともに湧き上がる蒸気（右）と、
そこに入れる薬膳スープとスズキ1尾（上）

解説するではないか。

さらに地元の学者に聞くと、別の証言をした。

「漢の武帝がある晩、南方に不思議な雲が立ち現れる夢を見た。そこで使者を遣《つか》わせ、その夢に見た場所と推定した地域を、『雲南』と呼んで平定したのだ」

一体どの説が本当なのか？　雲南を歩き続けているうちに、私は「第4の説」を思いついた。

古代から常に戦乱が続いた「中原」（漢民族が統治する中国大陸の中央部）は、まるで「風雲嵐」のようだった。そこで、その「風雲嵐」を回避できる穏やかな南部の高原地帯を、「雲南」と呼んだのではないか？　それでこの地には、土着の少数民族や、「中原」から逃げ延びてきた漢族の人々が、ひっそりと暮らしてきた――。

実際、山一つ越えると、そこにはもう別の少数民族の集落があって、別の言葉を話し、別の格好をした人々が、別の習俗に則《のっと》って暮らしている。雲南省とは、まるで「25ヵ月分のカレンダー」のような土地柄なのだ。

だが、カレンダーをめくるように雲南省を巡っていく中で、各少数民族に共通の習俗があることも発見した。その一つが、「蒸し料理を好んで食する」ことだ。雲南の人々は、家畜の肉、川魚、山菜……と、何でも蒸して食べる。

食材を蒸して食べることは、海抜が高く低気圧の地に暮らす人々の知恵だった。原形をとどめる、原味をとどめる、栄養素をとどめる、口当たりがよいなどメリットが多い。つまりは、「中原」の人々が好む「油ギトギト中華」と違って、低カロリーでヘルシーな調理法なのだ。

というわけで、話は現在の東京に飛ぶ。「尋常ならざる猛暑」の日々だ。毎日汗だくになりながら、私が憧《あこが》れたのは、「軽井沢の白樺の杜《もり》」ではなく、「雲南のシャングリラ」だった。夏バテを一気に吹き飛ばしてくれるような店、東京のどこぞやに、ないものかしらん？

このほど10周年を迎えた「小紅書《シアオホンシュー》」（RED＝中国版インスタグラム）を繰ってみる。

ほう、西池袋の「ガチ中華街」に、「**食彩雲南**《シーツァイユンナン》」という店がオープンしているではないか。たしかこの場所は、コロナ禍の前には北京料理の店で、その後、四川料理の店に変わったような……。

「ガチ中華」の店に入る鉄則は、昼夜のゴールデンタイムを避けることだ。

中国人は一般に、昼は12時、夜は18~19時に食事を始めないと気が済まない。そのため、この時間帯はとてつもなく混む。混むと当然、料理もおざなりになりがちだ。前にも書いたが、夜に行くなら、その晩の最初の客になるのがベストだ。中国人シェフが、「さあ、今晩も作るぞ!」と、ヤル気に満ちているからだ。

だが今宵は、辺境の地・雲南の料理。あえてゆったりと、夜8時半過ぎに行ってみた。結果的には、これが当たりだった。中国人シェフも店員も、繁忙時間を過ぎていたため、細やかに対応してくれたからだ。

8階まで狭いエレベーターで上がると、広い店内では少数民族の美女たちが踊っていた。といっても壁絵だが。まさに「雲南のシャングリラ」!?

「這是什麼《チェーシーシェンマ》? 桌子中央的洞《ジュオズチョンヤンダトン》」(これ何ですか、机の真ん中の穴?)

「石鍋啊《シーグオア》」(石鍋よ)

これが、女性店員と顔を合わせて交わした会話だった。彼女が笑って続けた。

「この石鍋は、下から蒸気を吹き込めるの。『**雲南蒸気石鍋魚**《ユンナンジェンチーシーグオユイ》**コース**』がお薦めよ」

「うん、それにする」

素直なものだ。気分はすでに「蒸気機関車」。シュッシュッポッポッ……。

石鍋のスープは、濃厚な黄色の「黄金湯《ホアンジンタン》」、ピリ辛で緑色の「椒麻湯《ジアオマータン》」、さっぱり

麦藁帽子のようなフタ（右）
フタを開けると蒸気の中から煮上がったスズキが出現（上）

した白色の「原湯《ユエンタン》」から選択。一番雲南らしい「黄金湯」を選んだ。

同様に、石鍋に入れる魚も、スズキとタイから選ぶようになっていたが、迷わずスズキ。雲南の魚と言えば、スズキでしょう。

すぐに「**四種前菜**《スージョンチエンツァイ》」の小皿が運ばれてきた。大根と人参づけ、ピーナッツ、バンバンジー（棒棒鶏）に、砂肝（鶏胗《ジージェン》）。

9分間待ってからね――

これらを無視していると、再び女性店員がワゴンを押してやって来た。でっかいスズキ1尾が入った皿と、薬膳スープの入った大鍋を携えている。

「ちょっと下がってください。高温の蒸気を吹き込みますから」

ゴロロロロローッ‼

轟音をとどろかせて、蒸気が吹き上がった。思わず赤色の菜単《ツァイダン》（メニュー）で、顔を覆《おお》う。

彼女は、そんな私の姿を見て、ケタケタ笑いながら続けた。

「このまま9分間待ってください。いいですか、9分ですよ」

そう言って彼女は、右手の人差し指を曲げて、中国人がやる「9」の字を作った。

そして、雲南省から持ってきたという麦藁《むぎわら》帽子のようなフタを、石鍋に載せた。

「なぜ8分でも10分でもなく、9分なんですか？」

私の声は、徐々に掠《かす》れてきた轟音に重なったようで、彼女は答えず去っていった。

考えてみれば、野暮《やぼ》な質問だ。経験則に決まっているではないか。それにしても、

「9分間」というところがオツだ。

待たされてみると、先ほど無視していた「四種前菜」が、急に恋しくなってきた。

少しつまんでみる。

4種の中では、バンバンジーが、ピーナッツソースに合って旨い。そう言えば、私が北京駐在員だった時代には、「旨い鶏肉を食いたかったら雲南省に行け」と、食通の北京人に言われたものだ。

チリリリリーン！　ストップウォッチが、9分間の終わりを告げた。どうでもよいことだが、これだけは日本製だった。

「麦藁帽子」を外して、いざ開陳！　蒸気にあいまって濃厚スープの香りが、一気に

漂ってくる。

スズキのホクホク感が、たまらない。白身が何とも柔らかいのだ。濃厚スープは歯《は》茎《ぐき》の中まで沁みわたるようで、スズキとの相性が抜群だ。途中でネギとパクチーを振りかけたら、微妙にスープの味が移ろうた。

この店では、ここで小皿の羊肉が入る。

「今度は2分間待ってね」

また例の蒸気のゴロロローッが始まった。

なぜスズキ1尾の後に、少量の羊肉を食べるのか？

これは聞かなくても分かった。ヒントは、「中国人は新鮮なものを食べたい」。お分かりだろうか？「鮮」の漢字は、「魚」偏《へん》に「羊」と書くのだ。「中国人の箸休め」ですな。

大地震から生還した際に食べた薬膳スープ

さて、いよいよ「締め」の「米線《ミーシエン》」である。また女性店員が現れて、自家製の米

「締め」の「米線」。キノコ類、山菜などを石鍋に入れてくれる

線とキノコ類、山菜などを石鍋に入れてくれる。というより、バサバサとブチ込んでいく。

米線は、英訳すると「ライス・ヌードル」。すなわち米粉でできた麺である。雲南省の主食として、つとに知られる。

過橋《グオチアオ》米線、鱔魚《シャンユイ》米線、大鍋《ダーグオ》米線、豆花《ドウホア》米線、砂鍋《シャーグオ》米線……雲南省では、どこへ行っても米線を食する。

私は、ある思い出があって、米線はどうしても「**汽鍋鶏**《チーグオジー》」に合わせて食べたい。

「汽鍋鶏」は、**雲南省独特の鶏肉の薬膳スープ**で、やはり蒸気によってエキスを煮立てて作る。

「これだけスープを飲んで、また別のスープ？」――笑われるのを承知で、女性店員に聞いてみた。すると、たしかに笑ったが、それは明朗快活な笑顔だった。

「あなたは運がいいわ。『汽鍋鶏』は、キッチンで6時間も蒸気で煮立てて作るため、1日15食限定なの。いつもなら、この時間はもうなかったりするんだけど、今日はまだ出せるわ」

私の思い出とは、こういうものだ。まだ若い時分に雲南省を放浪していて、ある日、納西《ナシ》族の故郷・麗江《れいこう》に辿り着いた。

夕刻に、ガイド役を務めてくれた和宏強《わこうきょう》君という地元の納西族の青年と、麗江伝統の木造家屋レストラン2階で、雲南料理に舌鼓を打っていた。

ちょうど、米線と汽鍋鶏が運ばれてきた時、轟音とともに天地がひっくり返った。人口30万の都市が一瞬にして崩壊した麗江大地震に遭遇したのだ。そのレストランも、たちまち火に包まれた。

私は和君のおかげで、九死に一生を得た。その翌日、命からがら建設中の麗江三義国際空港に向かったら、北京から慰問に訪れた呉邦国《ごほうこく》副首相の専用機が、滑走路しかできていない平原に降り立った。そこで交渉して、その飛行機に乗せてもらい、経由地の省都・昆明で降ろしてもらった。

私は昆明に着くや、自分が生きていることを確かめたくなって、米線と汽鍋鶏を腹いっぱい食べたのだった──。

おっ、いよいよ汽鍋鶏が、茶褐色の雲南製「建水陶器《ジエンシュイタオチー》」に入ってやって来た。クコの実やトウキ、ショウガなどの香りがあいまった、美味なる薬膳スープ。そして、もっちりした歯ごたえの米線。

雲南省の主食「米線」。スープはスズキのダシが効いていた

雲南省の薬膳スープ「汽鍋鶏」。夏バテに効く

大丈夫、私はまだ生きている。

食彩雲南
◆東京都豊島区西池袋1-38-3　8F

13

ウイグル料理は野性と気品と羊肉

維吾爾

2023年

10月7日、ついにイスラエルとハマス（パレスチナ）の紛争が炸裂した。以後は、日増しに荒廃していくガザ地区の様子を、テレビニュースが虚しく映し出している。

私はガザ地区を訪れたことがない。だが、あの光景には「既視感《きしかん》」があった——そうだ、中国の北西部に位置する新疆《しんきょう》ウイグル自治区で見たものだ。

思えば、中東のイスラエルとパレスチナの関係は、中国の漢族とウイグル族の関係に、よく似ている。いわゆる「同床異夢的共存」だ。

同じ土地に暮らしていながら、道一本隔てると、言葉・服装・食事・宗教など、あらゆるものが異なっている。それらの地域では、日本にはない「緊張した日常」が展開されているのだ。

新疆ウイグル自治区の中心都市・ウルムチ（烏魯木斉）に降り立って、何より驚いたのは、漢族とウイグル族では、「時間」まで違っていることだった。漢族は「北京時間」で生活しているが、ウイグル族は「サマータイム」を取り入れ、北京時間より2時間遅れた時間で生活していた。すなわち、「漢族時間」で正午なら、「ウイグル族時間」は午前10時なのだ。

エキゾチックで幻想的な店内

そこで私は、現地で知り合った漢族とウイグル族の双方に問うてみた。

「もしも漢族の若者とウイグル族の若者が、ウルムチ駅でデートの約束をしたら、どうやって待ち合わせるの？」

すると、どちらの民族の人も呵々大笑して、同じ回答をした。「そのようなシチュエーション自体があり得ない」。両民族は、「互いに関わり合わない」ことによって、何とか均衡を保って共存してきたのである。

それで、連日テレビでガザ地区の様子を見ていたら、かつて訪れた新疆ウイグル自治区が懐かしくなって、無性にかの地の料理を食べたくなった。

日本では新疆ウイグル自治区というと、「漢族（中国政府）によるウイグル族迫害」というマイナスのイメージが強い。だが、中国全土の6分の1を占める広大な地域では、気宇壮大な自然が息づいている。そして、野性味あふれる豊かな食文化が花開いているのだ。

去勢されていない本物のウイグル料理を求めて

早速、スマホで「東京　ウイグル料理」と検索し、出てきた店を訪ね歩いた。１軒目は、「東京で唯一のウイグル料理店」と銘打っている老舗だった。

だが店内で、期待は落胆に変わった。その店の料理は、日本人の口に合うように加工したお行儀よい「和風ウイグル料理」だった。その夜はほぼ満席だったが、日本人カップルとＯＬばかりで、赤ワイン片手に舌鼓を打っている。

「和風ウイグル料理」を否定するつもりはない。ただ私が望んでいるのは、動物園にいるペットのような動物ではなく、アフリカのサバンナで弱肉強食の世界を生き抜く野生動物だ。「去勢された料理」は要らない。

次に足を運んだのは、池袋の「ガチ中華の聖地」西口ではなく、東口で見つけた店だった。だがその店の料理は、あまりに粗野だった。いくら野性味があっても、「品格」のない店は、紹介する気にならない。

というわけで、半ばあきらめムードで池袋のサンシャイン60通りを歩いていたある日の夕刻。ふと折れ曲がった脇道で、左手に中国語が目に入った。

「我《ウォー》在《ザイ》新疆《シンジアン》很《ヘン》想《シアン》你《ニー》」（私は新疆であなたのことをとても想っている）

んっ？　あなたのことって、オレのこと⁉

緑地に白抜きの文字で「疆萊《ジアンライ》」と、店名が掲げられていた。あえて日本語読みするなら「きょうらい」で、直訳すれば「新疆のくさむら」。麗《うるわ》しき名前ではないか。

細い階段を下りて、いざ地下の「新疆窟」へ。中国語が飛び交う細長い店内から、若い女性店員が出てきた。「歓迎光臨《ホワンイングアンリン》！」（いらっしゃいませ）

「請問《チンウエン》、這兒《チャー》是《シー》新疆《シンジアン》菜《ツァイ》館《グアン》嗎《マ》？」（お聞きしますが、ここは新疆料理の店ですか？）

「対《ドゥイ》、我們是7月份剛開的《ウォーメンシーチーユエフンガンカイダ》。老板《ラオバン》、厨師都是新疆人《チューシードゥシーシンジアンレン》」（そうです。7月にオープンしたばかりなんです。オーナーもコックも皆、新疆人です）

「你也是嗎《ニーイエシーマ》？」（あなたも？）

「不《ブー》、我是青海的《ウォーシーチンハイダ》、学日語的《シュエリーユイダ》留学生《リウシュエシエン》」（いえ、私は〈隣の〉青海省出身で、日本語を学んでいる留学生です）

狭い店内はほぼ満席で、客はすべて中国人。そこには幻想的な新疆ウイグルの世界が広がっていた。

壁面をウイグル製の布で覆《おお》い、ツンと鼻を突くクミンの香りが漂う。そしてドタール（ウイグル琴）の野性味あふれるBGMが、ジャカジャカジャンと響いている。

ウイグルのパオ（包）の中のような席に、どかっと腰を下ろす。早くも、気分は

典型的な新疆ウイグルの大皿料理「柴窩堡辣子鶏」

ナンの上部を割った「饢包羊腿」から羊のモモ肉が覗く

「可汗《カガン》」（古代ウイグル民族の君主）だ。

「注文はスマホでこのバーコードを読み取って行って下さい」——先ほどの「青海《チンハイ》小姐《シアオジエ》」（青海省出身の女の子）に促され、とたんに21世紀に舞い戻る。

まずは飲み物。「**新疆特色果茶**《シンジアントゥスーグオチャ》」（**フルーツティー**）、「無限続杯」（無限続杯《ウーシエンシュイベイ》）は「**お代わり自由**」の意だ。

ウイグル料理店では酒類を頼まないのが、私の流儀だ。ウルムチでウイグル族居住区のレストランに最初に入った時、私は漢族の中華料理屋の感覚で、「とりあえず冷えたビールを持ってきて」と言ってしまった。すると女主人がカンカンになった。

「わがウイグル民族は、そのような不浄《ふじょう》な飲料は口にしません！」

イスラム教では、豚肉と並び、酒は御法度なのだ。思わず「対不起《ドゥイブーチー》」（ごめんなさい）と謝ったら、やがて微笑みながら、古ぼけたやかんと湯呑《ゆのみ》を持ってきた。

「これは特別なお茶よ」。やかんから湯呑に注ぐと、果たしてそれは「不浄な飲料」だった——。

だが、あの時ほど、罪の意識に苛《さいな》まれながらビールを飲んだことはなかった。爾来《じらい》、ウイグル料理を食する時は、ノン・アルコールと決めたのだ。「新疆特色果茶」が、サントリープレミアムモルツのジョッキに入ってやって来た時には、思わず苦笑してしまったが。

百香果《バイシアングオ》（パッションフルーツ）のあっさりした甘くない冷茶だ。スパイシーで馥郁《ふくいく》たる風味。脳裏には、新疆ウイグルの雄大な高原地帯をSUV車で駆け抜けた日々の記憶が、走馬灯のように甦ってきた。

高速道路のガソリンスタンドで出くわした漢族の男は言った。

「新疆ウイグル自治区のことを知りたければ、車を借りて9ヵ月間かけて、自治区の全土を放浪しないとダメだ。ここは町ごとに『異なる顔』を持っているのだから」

「文革」っぽいマグカップに入った羊肉スープ

この日頼んだ料理は、「柴窩堡辣子鶏《チャイウォーバオラーズジー》」（鶏肉の唐辛子炒め）、「饢包羊腿《ナンバオヤントゥイ》」（ナンで包んだ羊のモモ肉）、「缸子肉《ガンズロウ》」（羊肉土鍋スープ）、「喀什特色茄子肉拌麺《ーカーシエントゥスーチエズロウバンミエン》」（茄子と牛肉のあんかけ麺）、「羊肉串《ヤンロウチュアン》」、それにデザートとして「酸奶粽子《スアンナイゾンズ》」（新疆のサワーライスドーム）。

どれも新疆ウイグルで食した料理だ。少々頼みすぎたが、前にも記したように、ガチ中華の店は、残ったらすべて持ち帰れるのがありがたい。

1皿目にいきなり、「柴窩堡辣子鶏」がドーンと来た。柴窩堡《チャイウォーバオ》は、ウルムチ南東郊外の地名だ。

前述のように、イスラム教徒のウイグル族は、漢族の中華料理の主流である豚肉を食さない。その代わり、牛・羊・鶏などの肉を多彩に調理し、たっぷりいただく。

そのため、ウイグル料理の「辣子鶏《ラーズジー》」の特徴は、何より大皿であることだ。大皿の中に、主役の鶏肉が山盛りに盛られ、長ネギとニンニクの白物が引き立て役となる。その上に、白ゴマと香菜（パクチー）を振りかけてあった。あまり辛そうに見えないのは、少辛、中辛、大辛の3種類の中で、少辛を選んだからだ。

「新疆ウイグル版七味唐辛子」とも言えるご当地の各種調味料をふんだんに使っていて、鶏肉が程よい硬さで旨みたっぷりに仕上がっている。長ネギが鶏肉と競うほど威《い》張《ば》っているのも、新疆ウイグルらしい。

続いて、羊肉の料理が3種類、順を置いて供された。1皿目は、「缸子肉《ガンズロウ》」。直訳すると「マグカップ肉」。つまり、マグカップに入った羊肉スープだ。

タマネギ片ばかりカップに浮いていて、羊肉が見当たらない。箸でまさぐると、底

文革時代を懐かしむマグカップに入った「缸子肉」

の方にたっぷりと固まっていた。

骨付きなので、骨の部分を手でつまんで肉にかぶりつく。ホクホクの柔らかさだ。グツグツ煮込んで、ほぐしたに違いない。

さらに驚いたのは、マグカップのちょうど半分くらいまでスープを飲んだ時、オレンジ色が勢いよく飛び出してきたことだ。スープの奥底に大切りのニンジン片が敷かれていたのだ。これがクッション役となって、骨付き羊肉のスープが、程よくこなれていくのだろう。細切りで、やはりしっかり火が通っている。

独特なマグカップも、かの地で目にしたものだった。新疆ウイグル自治区を放浪すると、初老の中国人男性グループの観光客に、しばしば出くわす。中国の他の地域では、あまり見かけないタイプのグループだ。

ある時、ウイグル料理のレストランで彼らに囲まれて食事をして、その正体が分かった。1960年代後半に吹き荒れた文化大革命の時期、大量の都市部の若者たちが、農村に「下放《シアファン》」された。「頭でっかちの『知青《ジーチン》』（インテリ青年）は農村の苦役を学習せよ」という毛沢東主席の方針によるものだ。

そんな中で、特に上海から、大量の「知青」が新疆ウイグル自治区に送られたという。当時の苦役も、いまとなっては良き思い出である。というわけで、彼らは青春時代の一時期を過ごした新疆ウイグル自治区を旅行する。その際、毛沢東時代のスローガンがラベルに描かれたマグカップが、一番の記念品になっているのだ。

ちなみに、私が飲んだ「缸子肉」のマグカップには、こう書かれていた。

〈放飛你《ファンフェイニー》的《ダ》青春《チンチュン》　奔洒你《ベンサーニー》的《ダ》熱情《ルーチン》（あなたの青春を解き放ち、あなたの情熱を振り注げ）〉

続いて、新疆ウイグルの定番ファストフード、「羊肉串《ヤンロウチュア》」である。中国人が大好きな羊肉の串焼きで、いまや中国全土で売られている。

だが、そうなると玉石混交で、「不好吃《ブーハオチー》！」（不味い）と叫びたくなるものも、大量に市中に出回っている。それは、日本のガチ中華の店でも同様だ。

そもそも日本では、今朝屠《ほふ》った羊を食べさせる店など皆無で、ほぼすべて輸入肉なのだから、ある程度は不味いに決まっている。それを旨くして提供するのが、厨師《チューシー》（コック）の腕の見せどころというものだ。

というわけで、ここ「疆萊」では、見事な炙《あぶ》りと、例の「ウイグル七味」の味付けによって、過不足なく「本場の味」を再現していた。

さて、羊肉の三番手にしてメインディッシュの「馕包羊腿《ナンバオヤントゥイ》」のお出ましである。

「饢」はインド料理のパンにあたるナンの音訳で、「ナンで包んだ羊のモモ肉」という意味だ。「この料理だけは30分以上かかりますので、ゆっくり待っていて下さいね」と、青海小姐に断りを入れられていた料理だ。

早速、ナンの上側を割ってみる。とたんに羊肉のほんわかした香りが漂ってきた。

ふと、ウイグル族の男から言われた言葉を思い出した。「羊肉には箸を使うな、手で持って喰らえ！」

そこで箸を脇に置き、手指を漱《すす》いで肉片を摑み取る。そして、手前の3種類の調味料――ニンニクソース、辣椒《ラージアオ》（唐辛子）、食塩をまぶし、香菜を絡めて頬張った。

何と美味なること、これぞ「俺の肉料理」！

「ラーメン」と「パスタ」に分かれた麺の分岐点？

「羊の山」に舌鼓を打っているうちに、主食の「喀什特色茄子肉拌麺《カーシェントゥスーチエズロウバンミエン》」が届いた。

「カシュガルの特色あるナスと肉を混ぜ合わせた麺」という意味だ。

新疆ウイグルの麺は、つとに有名だ。世界に出回る麺類なるものは、この地が発祥

「喀什特色茄子肉拌麺」は手打ち太麺の逸品

郷愁を誘う旗が立った新疆のヨーグルト

として、東へ分かれてラーメンや焼きそばになり、西へ分かれてパスタになったという有力な説があるほどだ。

そこで、まずは箸で麺をつまんで口にする。こしがしっかりした手打ちだ。麺が一本の糸のように、どこまで行っても切れない。そして牛肉、ナス、赤と青のピーマン、キュウリ、タマネギなどが、絶妙のとろみとともに麺に絡まってくる。

これまで私は、どこまで「地道《ディーダオ》」（本場の味）に近いかということで、ガチ中華の料理を判断してきた。だがこの麺は、「已経超越地道的味道《イージンチャオユエディーダオダウェイダオ》」。つまり、すでに本場の味を超えていた。もはや「疆莱」のオリジナルであり、ミシュランガイドのセリフではないが、「遠回りしてでも訪れる価値がある素晴らしい料理」と言える。

青海小姐に各々の料理の味を誉《ほ》めたら、嘆息《たんそく》して言った。

「食材は中国から仕入れているのですが、最近は入ってくるのが遅れたりして、なかなか十分に揃わない。そのことが課題なんです」

それは、福島原発の処理水などをめぐる日中問題のせいですか、それとも中国政府とウイグル族の問題のせいですか？　——思わず訊ねたくなったが、そんなこと聞かれても困るだろうと思って、口を噤《つぐ》んだ。

さて、ウイグル料理フルコースの最後は、デザートの「**酸奶粽子**《スアンナイゾンズ》」。**もち米の寒天入りヨーグルト**だ。両脇にはマンゴとブルーベリーが添えてある。何だか皿全体が、ウイグルの騎馬隊のようだ。

新疆ウイグルではヨーグルトも絶品である。日本ではブルガリアヨーグルトが有名だが、新疆ウイグル産も引けを取らない。他にも、小麦、トウモロコシ、メロン、スイカ、ブドウ（+ワイン）、ナツメ……と、「食在新疆《シーザイシンジアン》」（食は新疆に在り）とも言える食の宝庫なのだ。

「酸奶粽子」の上には、郷愁をそそる旗が立っていた。

〈什么时候回新疆《シエンマシーホウフイシンジアン》？〉（いつ新疆に帰るの？）

行きたいよ、新疆！　そして、ウイグルとパレスチナに平和あれ‼

疆萊◆東京都豊島区東池袋1-14-14　B1

夜市の料理だから
新大久保の路地裏で
ひっそり開けているの……

14

陝西

新大久保の路地裏に西安夜市

まだ

日本がバブル経済の余韻に浸っていた1991年3月、当時の日本一の高さ（243m）を誇る48階建ての東京都庁が、西新宿に落成した。日本を代表する建築家・丹下健三氏が設計し、総工費1569億円をかけて「現代版ノートルダム大聖堂」を完成させたのだ。

周囲を睥睨《へいげい》する荘厳な威容は、まさに「首都の顔」にふさわしいものだった。翌月から、第一本庁舎、第二本庁舎、都議会議事堂の3棟で、約3万9000人の職員が業務を開始した。

古今東西、宮殿が完成すれば、その周囲に「下町」が築かれる。その一翼を担ったのが、新・東京都庁から北東約1kmの地域に広がる新大久保だった。

かつ興味深いことに、この街はアジアの国際都市として発展していった。山手線の新大久保駅を降りると、そこはもうどこの国だか分からない。

こうした現象は、中国の古都・長安（現在の陝西《せんせい》省の省都・西安）も同様だった。8世紀前半の盛唐期の長安は、当時世界最大規模の100万都市だったが、皇帝が住む大《たい》明宮《めいきゅう》がある城内に、10万人が暮らす外国人街が築かれていた。

そんな新大久保駅のホームに、夕刻に着く。各国の若者たちに混じって階段を下りると、途中の壁面に、日本語と韓国語の刻印プレートが掛かっている。

〈カメラマンの関根史郎氏、韓国人留学生の李秀賢《イスヒョン》氏は、2001年1月26日午後7時15分頃、新大久保駅において線路上に転落した男性を発見し、自らの身の危険を顧みず救助しようと敢然と線路に飛び降り、尊い命を落とされました。

両氏の崇高な精神と勇敢な行為を永遠にたたえ、ここに記します〉

通行人の多くが気づかずに通り過ぎるが、私はこのプレートの前を通るたびに、一度立ち止まって手を合わせる。この事故を取材した時のことを思い起こしながら。

関根氏（享年47）は講談社の全5巻シリーズ『中国の旅』を撮影したカメラマン。李秀賢君（享年26）は日本語を学ぶ韓国人留学生で、通っていた日本語学校で営まれた追悼式には、当時の森喜朗首相も弔問に訪れた。急遽、釜山から来日した母親は声を詰まらせ、「息子を誇りに思う」と述べた。

新大久保駅の改札を出ると、大久保通りが東西に延びている。新大久保の街は、この通りを中心に、放射状に広がる。

東側、すなわち大久保通りを山手線の内側に入っていくと、そこは東京最大のコリアンタウンである。コロナ禍と日韓関係の悪化で、一時は鳴りを潜めていたが、コロナ禍が明けたのと、2022年5月に尹錫悦《ユンソンニョル》「親日政権」が誕生したことで、再び活況を取り戻している。

それに比べて、西側はかつてひっそりとしていた。ところがこの頃は、無秩序に広がりを見せている。特に大久保通りの南手で、「ガチ中華」だけでなく、「ガチベト（ナム）」「ガチタイ」「ガチネパ（ール）」……と呼ばれる多国籍のレストラン群が、雨後の筍《たけのこ》のごとく出現しているのだ。

混ぜる！ ひたすらかき混ぜる冷菜

だが今宵は、新大久保で最も寂しげな、北手の話である。

コリアンタウンの喧騒《けんそう》を背に、大久保通りを西へ進んで1分。右手に、車も入って行けない細い路地が、北に向かっていた。目に入るのは、「証明写真」「コインロッカー」の燻《くす》んだ文字だけ。

一瞬、躊躇《ちゅうちょ》するが、手元のグーグルマップは確かに、ここで右折するよう指示している。

素にして美味なる「麻醤涼皮」

かき混ぜた後の「麻醤涼皮」

まるで『ゲゲゲの鬼太郎』の世界だな……。ため息を漏らしながら、暗い夜道をとぼとぼ進む。もとより全身ユニクロルックの「老頭《ラオトウ》」（おっさん）を襲う輩《やから》もおるまい。

100mほど歩いたろうか。ついに右手に「光明」を発見し、お目当ての『張《ジャン》 小《シアオ》記《ジー》』に辿り着いた。店名の脇には「西安《シーアン》味道《ウェイダオ》」（西安の味）とある。

店内に入ると、懐かしい劉徳華（アンディ・ラウ）が歌う『我和我《ウォーフウォー》 追逐的夢《ジュイスイダマン》』（私と私が追いかける夢）の響き。そしてわずか16席の狭いスペースで、中国人の若者たちが食事していた。まもなく満席となり、外で行列もでき始めた。

西安は、「中国の京都」とも言うべき古都である。前述のように、古代には長安と呼んだ。

より正確に言えば、京都が長安を模倣《もほう》したのだ。遣隋使や遣唐使が命を顧みず長安を目指し、あらゆる制度や文化、学問を日本に持ち帰った。当時の船は確率4分の1で海の藻屑《もくず》と消えた。

若い時分に、そんな悠久の古都を、1週間ほどかけて見て回った。その間、車を運転してくれたのは、当時50歳くらいの寡黙《かもく》な地元男性・王さんだった。車中で私が「皇帝気分」に浸っていると、王さんはしびれを切らせたように諫《いさ》めて言った。

「近藤さんね、長安には皇帝様がいたけれども、たったの一人さ。その他に１００万人の『老百姓《ラオバイシン》』（庶民）が暮らしていたんだよ。もっと彼らのことを考えてほしいな」

そんな王さんにとっては、どんな名所旧跡も幼少期から見慣れていて、とんと無関心。楽しみはもっぱら、ランチだった。私一人ならとても足を踏み入れそうにない、小汚いが美味なる食堂に、毎日案内してくれた。一度は夜市にも連れて行ってくれた。そしてそれらの店で、私から見たら3人前くらいの食事を、ガツガツと平らげるのだった――。

「張小記」の簡素なメニューを眺めていたら、王さんが案内してくれた食堂を思い出した。これは北京も同様だが、かつて皇帝を戴《いただ》いた帝都の庶民というのは、舌が肥えていて、「庶民の味」も美味なるものだ。

そんな思いで、期待感を込めて、一気呵成に注文した。「**麻醤涼皮**《マージアンリャンピー》」（ゴマソースの涼皮）、「**牛肉夾饃**《ニウロウジアモー》」（西安版ハンバーガー）、「**肉丸胡辣湯**《ロウワンフーラータン》」（肉団子ピリ辛スープ）、「**水盆**《シュイペン》**羊肉**《ヤンロウ》」（羊肉のスープ）、「**油潑**《ヨウファー》**ビアンビアン麺**《ミエン》」、「**甑糕**《ゼンガオ》」（粉餅）、それに自家製の「**酸**《スワン》**梅湯**《メイタン》」（梅ジュース）。王さんに教えられた料理が多かった。

きょとんとする女性店員に、「頼みすぎですかね？」と聞くと、ニコッと笑って、

「残ったら持ち帰れますから」。思えば私は、どの「ガチ中華」の店に行っても、同じ問答を繰り返している。

ちなみに、清代の皇帝様の特別料理である「満漢全席」も、北京で取材したことがある。山海珍味の料理を並べてもらうわけにもいかず、部屋に皿だけ置いて撮影した。その店は、1日に1組しか客を取らず、約1ヵ月かけて準備し、ランチからディナーまでぶっ通しで料理を饗する。価格は、4人分で邦貨にして900万円！

話を「張小記」に戻す。この日、最初に供されたのは、冷菜の涼皮だった。ゴマだれと中国西域の香辛料が掛かっている。

涼皮《リアンピー》とは、「涼《すず》しい皮」と書いて字のごとく、主に中国の西北地方で食べる麺粉の冷菜だ。古代には、庶民の主食も兼ねていたのではなかろうか。

俗に「筋《ジン》・薄《バオ》・細《シー》・穣《ラン》」の4大特長を持つ。「筋」は「嚙みごたえ」、「薄」は「薄く蒸されている」こと、「細」は、「細かく切られている」こと、「穣」は「柔らかさ」である。

さらに、「拌《バン》」（かき混ぜる）という行為が加わる。王さんはものすごい腕力で、涼皮をかき混ぜていた。

やはり素朴な味付けの「肉丸胡辣湯」

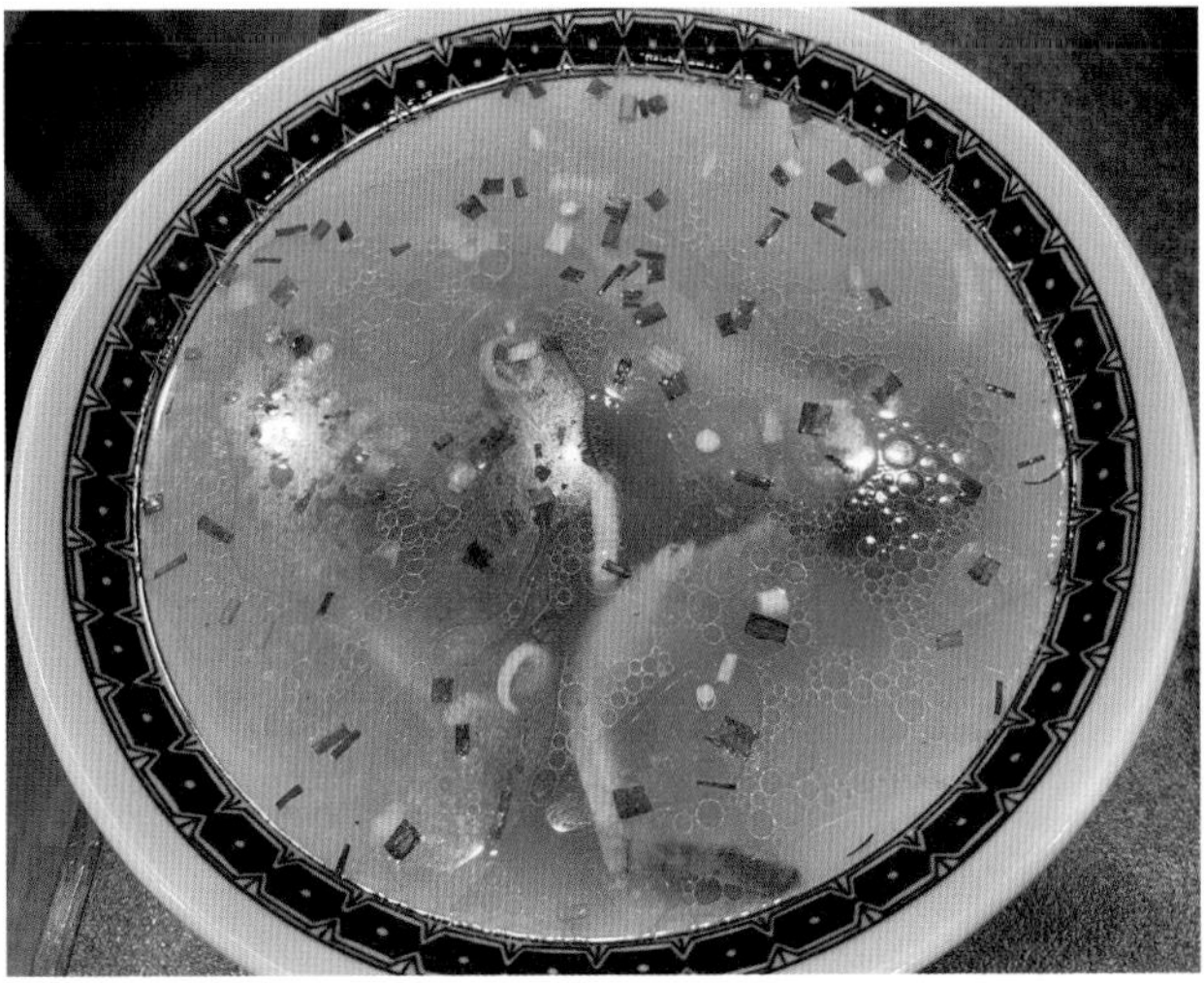

伝統的な羊肉のスープ「水盆羊肉」

実際、ひたすらかき混ぜると、まるで別の料理のように変化する。まるで韓国料理のビビンバのようだ。

うん、この麻醤涼皮の素にして美味なる哉《かな》。涼皮はモチモチした食感で、噛みごたえ十分。それに、キュウリ、モヤシ、豆腐が絶妙に絡まり、さらにゴマだれもあいまって、重奏感を醸し出している。

羊肉スープには西安バーガーがよく似合う

続いて、肉丸胡辣湯の登場。スープと名がつくものの、とろみがかったおかずだ。別名「八珍湯《バージェンタン》」。

これぞ、「ザ・西安ソウルフード」とも言うべき一皿で、王さんはほぼ毎日、「肉丸胡辣湯」を爆食いしていた。肉団子は、衣《ころも》がなく、やはり素のままで柔らかい。他に入っているのは、ジャガイモ、ニンジン、キャベツ、カリフラワーなど。

続いて、大皿スープの「水盆羊肉」。やはり地元の伝統的な羊肉料理だ。

中国の北方・西方地域においては、遊牧民族の伝統を引き継いで、「肉」と言えば

牛肉がこぼれ落ちそうな「西安版ハンバーガー」こと「牛肉夾饃」

「羊肉」が主流である。そして一頭を屠《ほふ》ると、ほぼすべてを無駄なく食する。背骨の部分も、ダシを取って骨付きスープにして食べる。特に、冬場はとてつもなく寒いので、羊肉のスープが欠かせない。

羊肉には臭《くさ》みがあるが、こうして塩味のスープにすると、「臭《にお》い」は「匂《にお》い」に変わる。写真では大皿の底に潜ってしまっているが、柔らかい肉塊が何本も横たわっている。肉塊に絡みつくように、春雨と木耳《ムーアル》（キクラゲ）も入っている。立冬を過ぎたこの時節、身も心も温まる一品なのだ。

そこに、西安を代表するファストフードの一つ「牛肉夾饃」が届く。いわば「西安版ハンバーガー」。こぼれ落ちんばかりの牛肉が、ホクホクと柔らかい。これがまた、「水盆羊肉」と絶妙に合うんだな。

なぜビアンビアン麺の「ビアン」の漢字が57画なのか

さて主食は、西安名物の「油潑ビアンビアン麺」である。「油潑《ヨウファ》」とは、超高温の油でサッと調理する手法。「ビアンビアン麺」は、手打ちの広麺だ。長ネギやモヤシなどを加え、唐辛子入りの香辛料を振ってある。

注意しなければならないのは、新鮮な「ビアンビアン麺」ほど、固まるのが早いということ。江戸っ子の蕎麦《そば》食いではないが、サッと出されたら、サッと混ぜて、サッと食べてしまうのが西安流だ。

ところで、「ビアン」という左の漢字は、日本のパソコンでは打てない。中国人は約3万字の漢字を使用しているが、この漢字はなんと57画！

ちなみにこの漢字は、「ビアンビアン麺」にしか使われない。庶民的な麺に、なぜかくも難解な漢字を使うのか？　西安で誰に聞いても、「さあ？」と首をかしげた。

𰻞𰻞麺

唯一、運転手の王さんだけが、こう主張した。

「ここは、皇帝様のまします世界の中心だ。城の中に皇帝様のお言葉があって絹があって馬があって刀があって、月が照って心満たして長生きする。そういう現世の理想郷を漢字に託したのさ」

王さんは、おそらく何の根拠もなく語ったのだろう。しかし、案外そうなのかもしれないと、西安で「ビアンビアン麺」を食べながら思った。

「今天《ジンティエン》吃《チー》得《ダ》怎《ゼン》嘛《マ》様《ヤン》？」（今日はおいしかったですか？）

厨房から、デザートの「甑糕」を運びながら、「老板娘《ラオバニャン》」（女性店長）の孫利《そんり》さんが声をかけてきた。

再び難しい漢字のデザートだが、「甑《ゼン》」は穀粒を蒸すのに用いる道具「こしき」で、「糕《ガオ》」はもち米を蒸した粉餅。甘いナツメをトッピングしていただく。唐代には、貴族たちの間で大流行した。

「非常《フェイチャン》好吃《ハオチー》、而且《アルチエ》想《シアン》起来《チーライ》了《ラ》西安《シーアン》」（とてもおいしかった、かつ西安を思い起こしました）

正直に答えると、孫利さんの頬が緩んだ。

「そう言ってくれると嬉しいわ。私は（西安に隣接する）咸陽《かんよう》出身の回族（イスラム教徒

西安名物の「油潑ビアンビアン麺」

西安を代表するデザート「甑糕」

の少数民族）ですが、日本へ来て郷里の食べ物がなかった。それで1年ほど前に一念発起して、この店をオープンさせたの。

コンセプトは、西安の夜市で食べるような庶民料理。今日は特に、新鮮な羊肉が入ったので、自信作が作れたわ」

私が「路地に行列までできて、すごい人気ですね」と振ると、ドアの方に目をやりながら答えた。

「幸いオープン以来、中国人の若者たちを中心に、多くのお客様に来ていただき、手応えを感じています。でも目抜き通り（大久保通り）に引っ越そうとは考えていません。夜市の料理だから、こうして路地裏でひっそり開けているのが合っているでしょう（笑）」

張小記◆東京都新宿区百人町2-14-4

15

香港

世界の美食になった
ファストフード飲茶

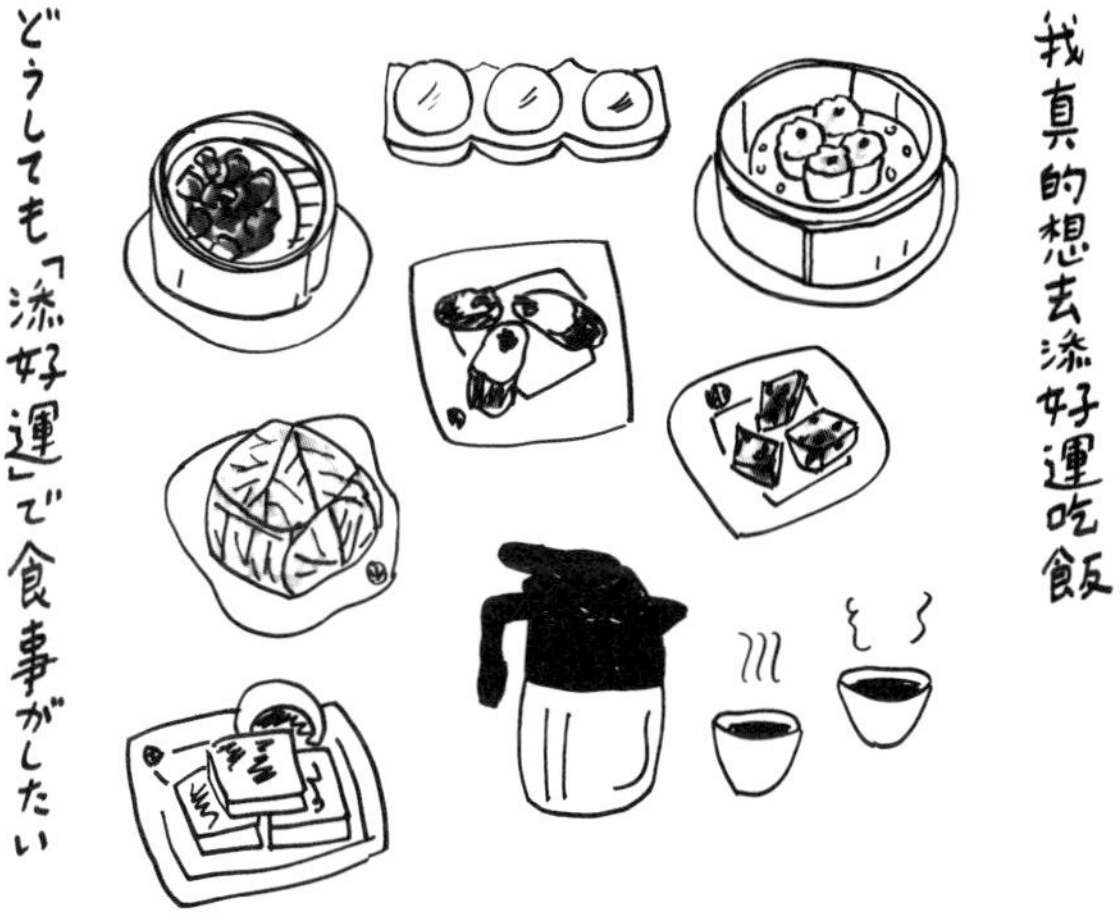

どうしても「添好運」で食事がしたい
我真的想去添好運吃飯

リーマンの風吹いて、儲かったのは……

2023年に還暦を迎えた香港人シェフの麦桂培《ばくけいばい》（ブラザー・プイ）氏は、「香港のファストフード」を「世界の美食」に高めた功労者である。

風が吹けば桶屋が儲かるという諺《ことわざ》があるが、きっかけは２００８年秋のリーマン・ショックだった。15歳で「点心師《ディエンシンシー》」（香港の点心専門コック）となり、当時45歳だった麦氏は、香港のフォーシーズンズホテルにある広東料理の名店「龍景軒」（Lung King Heen）で、飲茶《ヤムチャ》などを提供するデザート部門長を務めていた。この年の年末に、「龍景軒」は「ミシュランガイド 香港・マカオ２００９」で、悲願だった最高位の三つ星を獲得したのだった。

だが、「アジアの金融センター」である香港も、リーマン・ショックの影響で、不況の嵐に見舞われた。当然ながら、香港随一の高級店「龍景軒」の客足も途絶えた。

そんな折、麦氏はある光景を目にした。不況の嵐によって、アジアで最も高いと言

香港で開店当時の「添好運」

われた香港の不動産も暴落しだしたのだ。そして、ビクトリア湾にほど近い旺角《モンコック》の廣華街で、ある一角が空いたという情報が耳に入った――。

中国では、俗に「乱世出英雄《ルアンシーチューインシオン》」（乱世に英雄が出る）と言う。麦桂培氏は不況の真っただ中で、フォーシーズンズホテルの高給と名誉ある地位におさらばした。そして廣華街の狭いスペースを、月額3万8000香港ドル（約70万円）で借り受けた。

こうして2009年3月、長く夢を抱いていた自分の店「**添好運**（ティム・ホー・ワン）**点心専門店**」をオープンさせたのである。主食の「添え物」である「点心」（軽食やデザート）で運を好《よ》くするという、いかにもリーマン・ショックの最中《さなか》ならではのネーミングだ。

点心は、典型的な香港のファストフードである。リーズナブルな価格で学生でも食べられる。しかも、香港島のセントラル（中環）の三つ星シェフが、ビクトリア湾を越えて九竜半島の下町に「降りてきた」のだ。

「即叫即蒸《ジージャオジージェン》」（すぐに頼めてすぐに蒸す）をスローガンにした「添好運」は、たちまち「行列の絶えない店」となった。1日で750皿を売り上げた日もあった。

その結果、2010年には「ミシュランガイド 香港・マカオ」で、早くも一つ星を獲得。これが、「世界で最も格安なミシュラン星付きレストラン」と話題になった。確かに「龍景軒」なら一人5万円かかってもおかしくないが、「添好運」では500円で一皿だけ食べて帰ることもできる。まさにリーマン・ショックの風が吹いて、飲茶屋が儲かったのである。

麦桂培氏は、もう一つ発見をした。それは、本格的な広東料理店と違って、ファストフードの点心専門店は、多店舗経営が容易だということだった。

こうして「添好運」は、香港各地に支店を出し、やがて世界へと広がっていった。シンガポール(2013年)、マカオ(2015年)、ニューヨーク(2017年)、プノンペン(2017年)と来て、5都市目に東京を選んだ。

2018年4月8日、東京・日比谷に「添好運」の日本1号店がオープンすると、たちまち長蛇《ちょうだ》の列となった。

私は何度も行列の前を通り過ぎているうちに、興味深いことに気づいた。日本人と中国人の客が、半々ずつくらい並んでいるのである。

他の日比谷や銀座のレストランは、大半の客が日本人である。一方、池袋などのガチ中華の店は、逆に多くが中国人だ。だが日比谷の「添好運」は、そのどちらの客層も殺到したのだから、混み合うのもむべなるかなだ。

2019年5月24日、東京で2店舗目が、新宿にオープンした。やはり人、人、人……。私は結局、行列ばかり眺めていて、一度も食さないまま、コロナ禍に突入した。

コロナ禍が明けた2023年5月16日、東京で3店舗目が、後楽園にオープン。中国人が「東京巨蛋《トンジンジュイダン》」と呼ぶ東京ドームの目の前だ。こちらも連日の行列で、特に東京ドームでプロ野球他のイベントが行われる日には、大行列となった。

「どうしても『添好運』で食べたい」

そんな中、香港でIT企業を経営している香港人の知人A氏から、突然の連絡が入った。東京にマンションを買ったので、しばらく住むから食事しようという。A氏は独身だが、たしか香港人の彼女がいたはずだ。

「東京に住むならもっと早く連絡をくれればいいのに」とSNSで打ち返したら、「因為心情不太好《インウェイシンチンブータイハオ》」（気分があまりすぐれなかったもので）と返信があった。続いて、こう

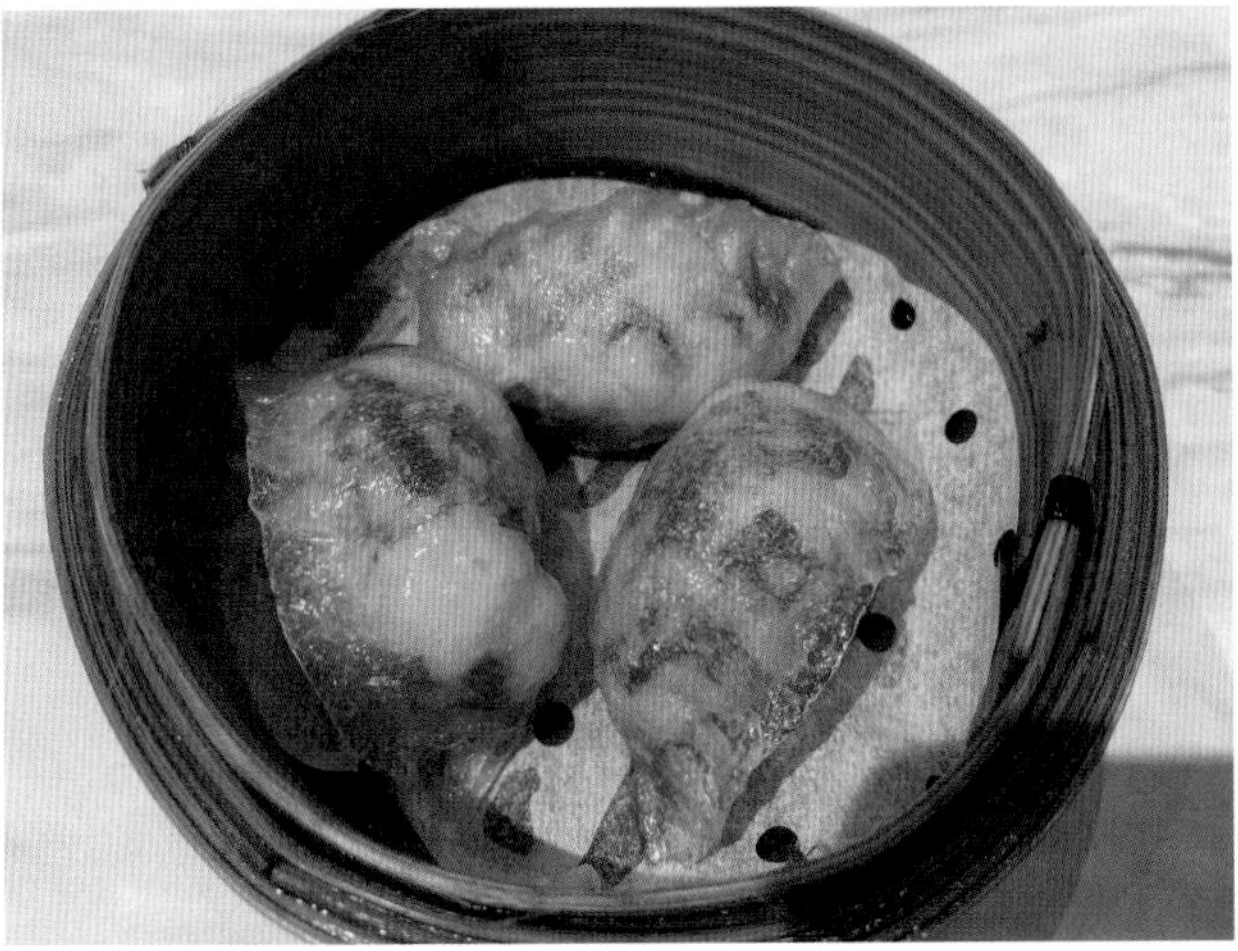

ホカホカの海老とニラの蒸し餃子

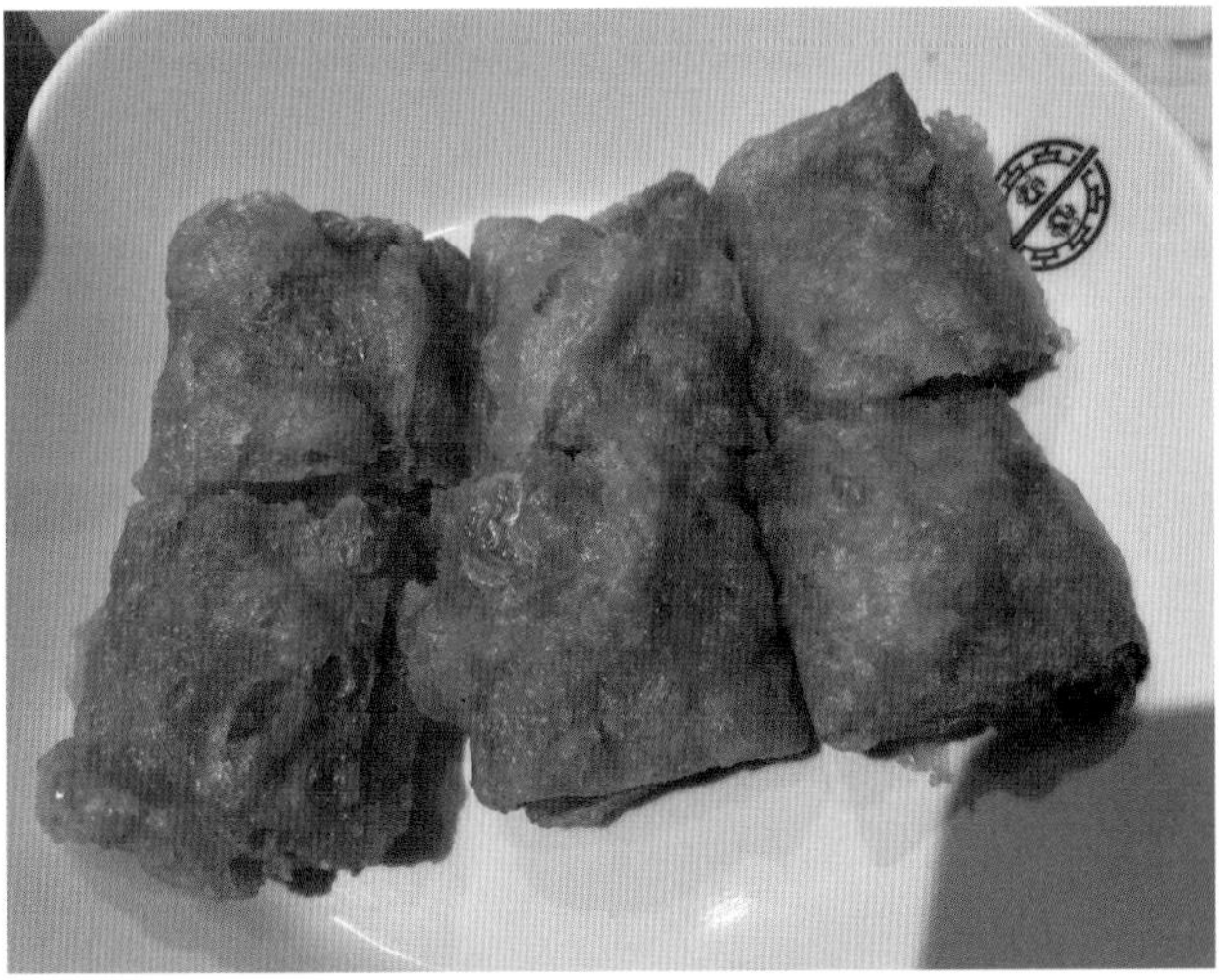

湯葉の揚げ具合が絶妙な海老の湯葉巻き

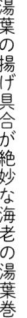

打ってきた。「我真的想去添好運吃飯《ウォージェンダシアンチュイティエンハオユンチーファン》」(どうしても「添好運」で食事がしたい)。

このあたりで私は、A氏が日本で長期滞在を始めた理由がピンときた。おそらくは仕事のためというより、昨今の香港の「苦境」から逃れてきたのだ。

２０２３年、日経平均株価は前年末に比べ28・2%も上昇したが、逆に香港恒生《ハンセン》指数は13・8%も下落した。このところの中国の不況の影響が、香港経済にも影を落としている。加えて、政治的にも以前のような自由な風土は消えつつあった。

そんなこんなで、おそらくA氏は「一時的な避難場所」として、東京に移り住んだのだ。それでも「故郷の味」が忘れられず、思わず私に吐露《とろ》したのだろう。

こうなっては、もう行列を恐れている場合ではなかった。外から覗《のぞ》いた感じでは、3店舗のうち、「穴場」は後楽園にあるラクーア店に違いなかった。

私は早速、店に電話をかけて、「東京ドームでイベントがない平日の14時半から15時半が最も行列が少ない」という情報を聞き出した。そこで翌週の平日の15時に、A氏と店外の行列で、もしくは運がよければ店内で待ち合わせたのだった。

底冷えのする冬の晴れた日だった。行ってみると、やはり行列ができていた。だが10組目だったので、待ち時間は30分と見た。その間、メニューを配られるが、寒風に吹かれて、じっくり眺める気にならない。

肩を叩かれ、振り向くと、A氏が立っていた。私は開口一番、言った。「你真瘦《ニージェンショウ》了《ラ》！」（ホントに痩せたねえ）。

A氏は、無言で頷《うなず》いた。だがメニューを渡してやると、笑顔が戻ってきた。予想通り30分弱で中へ通される。「ハイ、お待たせしましたね。どうぞゆっくりお過ごし下さい」

店内は、左手に大きな厨房があり、客は3分の2が日本人、3分の1が中国人という感じだった。


注文を「専門家」（A氏）に任せると、私は供された**普洱茶（プーアール茶）**を啜《すす》って身体を温める。「旨い！」

普洱茶は、中国茶の六大茶の分類では「黒茶《ヘイチャ》」（後発酵により作られた茶）と呼ばれる。古代に雲南省の普洱《プーアール》で採取されたのでこの名前が付いたが、中華料理の油を落とす効果があることから、特に広東人が好んで飲む。

そのため、広東料理店には欠かせない茶だが、ワイン並みの料金を取る高級広東料

振りかけてくれるソースとのハーモニーが
絶妙な海老と黄ニラの腸粉

味が沁み込んだ湯葉巻きオイスターソース蒸し

理店を除けば、一般に不味い。失礼だが、コンビニで買うペットボトル茶より不味い店も少なくない。

ところが、「添好運」の普洱茶の腹に沁み入る美味なること。それをA氏に伝えようとしたが、一心不乱にメニューの紙と睨《にら》めっこしている。

「那就這様吧《ナージウチェーヤンバ》！」（これでいこう！）

A氏はようやく、注文を記した紙を店員に渡した。「韮黄鮮蝦腸《ジウホアンシエンシアチャン》」（海老と黄ニラの腸粉）、「鮮蝦腐皮卷《シエンシアフーピージュアン》」（海老の湯葉春巻き）、「鮮蝦韮菜餃《シエンシアジウツァイジアオ》」（海老とニラの蒸し餃子）、「美味炆鮮竹卷《メイワーウェンシエンジュージュアン》」（湯葉巻きオイスターソース蒸し）、「白灼時蔬《バイジュオシーシュー》」（季節の温菜）、「金《ジン》銀蛋瘦肉粥《インダンショウロウジョウ》」（塩豚のお粥ピータンと塩卵入り）。そして追加で、「百花煎釀茄子《バイホアジエンニアンチエズ》」（茄子の海老団子揚げ）と「荷芹素菜餃《フーチンスーツァイジアオ》」（7種野菜の蒸し餃子）を注文した。

一息ついて普洱茶の話題を振ったら、A氏はひと口啜って言った。

「これは香港の味と同じだ。だがこれからはきっと、香港の普洱茶も不味くなるよ。しごく不景気な上に、大陸文化に染まっていくからね……」

「即叫即蒸」をスローガンにしている店だけあって、次々と飲茶の「点心」がやって来た。

最初に供されたのは、海老とニラの蒸し餃子だった。3個入りで、興奮気味のA氏に2個あげた。

「旨い！」「好吃《ハオチー》！」

私とA氏は、ほぼ同時に快哉《かいさい》を叫んだ。続いて、海老の湯葉春巻き。

「これも旨い！」。味が繊細で、隅々にまで沁み渡っている。

極めつけは、海老と黄ニラのチョンファン（腸粉）だった。ソースは、店員がテーブルでまったりとかけてくれる。柔らかみのある広東式米粉蒸しクレープだ。

続く湯葉巻きオイスターソース蒸しも、得も言われぬとろみ……。まさに「食の芸術」とも言える品々だ。

会計の金額は……

その時、A氏が「我忘了《ウォーワン》這個《ラチェーガ》」（これ忘れてた）と言って、テーブルの隅に置かれていた豆板醬《トウバンジャン》を手に取った。この赤いスパイスを少し付けて食すると、「口福」がさら

至福の甘辛豆板醤

簡素ながら奥深い味わいの粥

に広がるのだとか。

私もマネしてやってみると、果たしてその通りだった。そもそも、こんなにねっとりした豆板醤は初めてだった。この店は、細部を一寸たりとも疎《おろそ》かにしていない。

最後に食べた白粥も、東京で出会ったことがない簡素にして奥深い逸品だった。店員に聞くと、香港からやって来たコックたちが中心になって作り、現在、日本人コックを徹底的に仕込んでいる最中《さいちゅう》だという。

思えば、東京には高級ホテルなどを中心に、「広東料理の名店」なるものが幅を利かせ、ミシュランガイドで星を取っていたりする。私もそのような高級店に招かれて行くこともあるが、「添好運」の一皿数百円のものに勝る「点心」や粥を私は知らない。

そんな話をA氏にしたら、苦笑いして言った。

「香港人のボクが言うのも恥ずかしい話だけど、この店の味はすでに香港の本店を超えている気がする。しかもこれからは一流の香港人シェフたちが、ボクみたいにどんどん香港を離れるだろうから、東京の店の方がますます旨くなるよ」

私は、どこか投げやりなA氏の言葉に、どう反応してよいか、しばし逡巡《しゅんじゅん》した。と、先ほどの注文の紙が目についた。

合計8888円のレシート！

「見てよ、今日の会計は8888円じゃないか！　あなたたちが一番好きな末広がりの『8』が4つも並んでいる。まさに好き運《よ》を添《そ》えたんだ。あなたの東京での新生活は、きっとうまくいくよ！」

添好運◆東京都文京区春日1-1-1　ラクーア2F

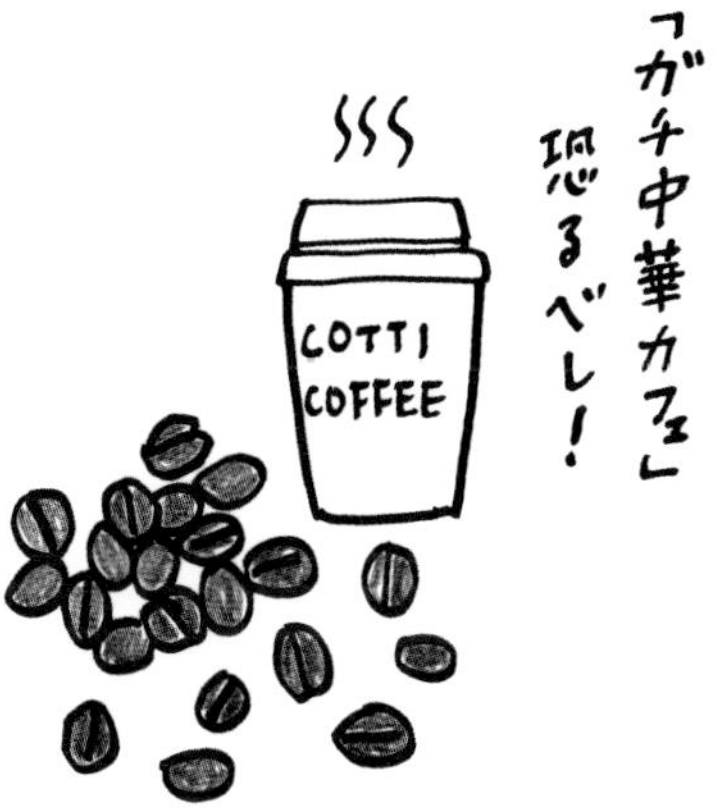
「ガチ中華カフェ」恐るべし!
COTTI COFFEE

番外編

スタバを超えた?中華カフェ

珈琲

アルゼンチン代表をPRに起用

「青は藍《あい》より出でて藍より青し」（青取之於藍、而青於藍）という言葉がある。もしくは、「氷は水より出でて水より寒し」（氷水為之、而寒於水）。いずれも『荀子《じゅんし》・勧学《かんがく》』の一節だ。弟子がいつしか師匠を超えてしまったという意である。

のっけから、中国戦国時代末期の思想家の成語なんぞ持ちだして来て、一体何のこっちゃ？

カフェの2階の隅っこの席で、一番人気の「**生椰拿鉄《シェンイエナーティエ》**」（**ココナッツラテ**）や「**加濃《ジアノン》美式《メイシー》深《シェン》烘《ホン》焦《ジアオ》 香《シアン》咖啡《カーフェイ》**」（**濃厚アメリカーノ深煎り芳ばしい香りのコーヒー**）を啜《すす》っていたら、ふと脳裏に浮かんだのだ。

眼前のポスターには、2022年のサッカー・カタールW杯で優勝したリオネル・メッシ選手らアルゼンチン代表チームの雄姿が写っている。その脇の席では、日本語学校に通っていると思しき二人の中国人女子留学生が、やや怪しげな口調で、日本語の発音練習をしていた。

冒頭で「藍」に喩《たと》えたのは、アメリカが誇る世界最大のコーヒーチェーン店「スターバックス」。では、「青」は？

ここは東京の繁華街の一つ、池袋駅西口の駅前ロータリーの一角。都内在住の中国人にとっては、「ガチ中華街の入り口」である。この一帯を歩くと、いつもどこかで中国語の会話が耳に入ってくる。

そこに2023年9月24日、一軒のカフェがオープンした。店名は「**庫迪咖啡**《クーディカーフェイ》」(**COTTI COFFEE**)。「中国版スタバ」と言った方が、分かりやすい。

オープンしてまもなくの日曜日昼頃に訪れたら、店の前に長蛇の列ができていた。しかも、待っている若者たちの話し声からして、ほぼ全員が中国人だった。

早速、最後尾に並ぶ。すぐ前に立つ中国人カップルに訊ねると、日本語学校に入学するため、夏に来日したばかりだという。

「いま中国では、『星巴克《シンバークー》』(Starbucks Coffee)は〝土《トゥー》〟(ダサい)、『瑞幸《ルイシン》』(luckin coffee)は〝很一般《ヘンイーバン》〟(極めて普通)、『庫迪《クーディ》』こそが〝酷《クー》〟(カッコいい)！」

彼氏の方がそう言って、親指を立てると、彼女が大きく肯《うなず》いた。

もしや、2度目の何のこっちゃ？　少し中国の「現代コーヒー史」を繙《ひもと》いてみよう。

スタバに追いつき追い越した

20世紀末まで、日本人（おそらく欧米人も）の間では、「中国へ行ったらコーヒーを飲むな」が合い言葉になっていた。中国で飲むコーヒーは、失礼だが、一口啜ると「ゲボッ」とくる不味さだった。コーヒーというより、「黒い色をした不気味な飲料」とでも表現すべき代物だったのだ。

中国人は、周知のように伝統的に茶を飲んでいて、コーヒーを飲む習慣はなかったのだから、当然とも言えた。当時は、フォークでいくらつついても皿から離れないケーキとか、噛むと砂糖が歯磨き粉のように歯茎《はぐき》に纏《まと》わりついてくるドーナツといった代物も、ホテルのラウンジなどで跋扈《ばっこ》していた。

私は、1984年に外国人が宿泊するホテル以外で初めて、北京でカフェを開いたマダムから話を聞いたことがある。彼女はこう述べていた。

「当時は雲南省で買いつけたコーヒー豆を使っていました。開店以来、まるで空から

弱小の中国代表チームではなく、アルゼンチン代表とスポンサー契約した

一応、日本語のメニュー表記があるが、客も店員も多くが中国人だ

雪が舞い落ちるように札束が降ってきたと思いました。想像を絶する大盛況です。それは、中国の来たる『コーヒーの時代』を予感させる出来事でした。

しかしほどなく、共産党から『資本主義の走狗《そうく》』と非難され、閉店に追い込まれてしまいました」

そんな中国にとって転機となったのは、1999年1月11日、「星巴克」（スターバックスコーヒー）の中国1号店が、北京にオープンしたことだった。場所は、CBD（中央商業区域）の中心地で、北京最初の高層建築物（39階建て）である国貿大廈《グオマオダーシャー》（中国国際貿易センター）の中だった。

日本にはその3年前に、東京・銀座にスターバックスの1号店がオープンし、私は足繁く通っていた。タバコの煙モクモクのカフェが苦手で、「店内全面禁煙」のスタバが新鮮だったのだ。

「北京でもついに……」と思って、中国1号店に入ってみた。それは、オープンして数日後のことだった。

店内は意外に空いていて、芸能人ぽい若者グループが、贅沢に場所取りしてだべっていた。

入り口では店員が必死に、「アメリカの有名なコーヒーチェーン店です！」と叫んで、ビラ撒《ま》きをしていた。

それが21世紀に入って、中国のスタバは、空前の成功を収めていった。一時は故宮博物院の中や万里の長城の入り口にもできたくらいで、「こんなところにもスタバ？」と思うほど増殖していった。

２０２２年４月27日、スタバは中国国内５０００店目のオープンを、青島の万象《ワンシアン》城《チエン》というショッピングモールで祝った。ちなみにスタバの日本の店舗数は１９０１店（２０２３年12月末現在）と、中国の半数にも満たない（同社ＨＰより）。

ところが現在の中国は、「習近平新時代」。すなわち、「国潮《グオチャオ》」（国産品の潮流）を推進し、何事も「中国産」でないと気が済まない時代である。

「わが民族の資本によるコーヒーチェーン店はできないのか」――中国共産党の要望に応えるかのように、スタバの強力なライバルが出現した。

それが「瑞幸咖啡《ルイシンカーフェイ》」だった。２０１７年10月、習近平総書記が再選された第19回中国共産党大会が開かれた月に、北京の銀河ＳＯＨＯにオープンした。

手掛けたのは、タクシー配車アプリ「神州租車」で大成功を収めた陸正耀《りくせいよう》董事長

（会長）と、銭治亜《せんじあ》総経理（社長）のコンビだった。この二人は、2004年から共同でビジネスを行っている。特に1976年生まれの銭社長は、当時「美人社長」と、ひとしきり話題になったものだ。

私は、それから2ヵ月後に、北京で初めて「瑞幸」の店に入った。スタバの例の緑色のマークより斬新な、青と白の鹿のマークに魅了された。

何より驚いたのは、「現金お断り」のシステムだった。スマホ決済オンリーなので、サクサクと会計ができて、スタバ名物（？）の「長蛇の列」はなかった。

だが、スマホにアリペイ（支付宝）もウィーチャットペイ（微信支付）もインストールしていない外国人の私は、コーヒーが買えなかった。

とはいえ、そこは「霊活《リンフォ》」（融通の利く）社会の中国である。近くの客席のOLに事情を話して、彼女に現金を渡して買ってもらった。

コーヒーの値段は、スタバを意識して、スタバより3〜5元（約60〜100円）安めに設定してあった。しかも味は、スタバより上だった。

中国のコーヒーが旨くないのは、一つには安い豆を使っているからで、もう一つは硬水を使って淹《い》れるからだった。硬水では、コーヒーの繊細な味わいがうまく引き出

池袋「ガチ中華街」の入り口。週末になると中国人の若者たちの行列ができる

されない。香港系の「太平洋咖啡」(Pacific Coffee)だけは、その壁を突破していたが、何せ店舗数が少なかった。

「瑞幸咖啡」はオフィスの会議用需要を意識して、一度に3杯以上の出前をスマホで注文すると、1杯を無料で加えてくれた。

ともあれ、「瑞幸咖啡」はあらゆる意味でスタバを超えていた。コーヒーを啜りながら、これは流行るだろうと直感したものだ。案の定、破竹の勢いで中国国内に店舗数を増やしていった。

オープンから2年余り経った2019年11月、ついに米中の両雄は、中国全土に約4200店舗ずつで並んだ。

そして、それから1ヵ月余り後の同年末、「星巴克」の約4300店舗に対し、「瑞幸」は4910店舗と、逆転を果たしたのだった。「瑞幸咖啡」は同年5月、米ナスダック市場への上場も果たしていて、株価はうなぎ上りだった。

追い出されてリベンジ

それでも、中国ビジネスにおいては、好事魔多しである。翌2020年、「瑞幸咖啡」に「2つの災厄《さいやく》」が襲いかかった。

一つは、新型コロナウイルスの蔓延《まんえん》である。ロックダウン（都市封鎖）などによって、店舗の閉鎖が相次いだ。

「瑞幸」はそれまで、「店舗を出しさえすれば儲かる」ことから、各都市で家賃が高い一等地に、強気に店舗展開をしてきた。この戦略が裏目に出てしまったのだ。

もう一つは、「社内クーデター」が勃発《ぼっぱつ》し、粉飾《ふんしょく》決算が明るみに出たことだった。そのことは米ナスダックでも問題視され、同年6月に取引停止処分を喰らった。

結局、そうした一連のゴタゴタによって、陸正耀&銭治亜のコンビは、自ら立ち上げた会社を追い出されてしまったのだ。創業者が自分の会社を追われることは、日本ではあまりないが、海千山千の中国社会では往々にして起こる。

そんな二人は、コロナ禍の期間、臥薪嘗胆《がしんしょうたん》の日々を送った。そしてコロナ禍が明ける兆《きざ》しが見えてきた2022年10月22日、捲土重来《けんどじゅうらい》を期して、陸正耀氏の故郷・福建省の福州国際金融センターに、新たなコーヒー店をオープンさせたのだ。

それが、「庫迪咖啡」（COTTI COFFEE）だった。嬉しいことに、かつての「瑞幸」

の精鋭部隊も戻ってきた。

店名の「ＣＯＴＴＩ」は、イタリア語でビスケットの複数形である「ＢＩＳＣＯＴＴＩ」から取ったものだ。「庫迪《クーディ》」は、「ＣＯＴＴＩ」の中国語の音訳である。そこには、自分たちはただのコーヒー店ではなく、コーヒーを媒介とした食文化を広めていくのだという自負が込められている。

そこから、再び破竹の勢いで「庫迪咖啡」の出店攻勢が始まった。

２０２３年5月30日、「庫迪」は３０００店舗目のオープンの地を、かつて「星巴克」第1号店がオープンした北京の国貿大厦（3棟目のビル）に選んだ。このことからも、「星巴克」に強烈なライバル意識を持っていることが窺《うかが》える。

「庫迪咖啡」は、中国国内３０００店舗突破を契機として、海外進出にも乗り出した。同年8月8日、ソウルの富裕層が多く住む江南《カンナム》区に、海外1号店をオープン。同月26日には、東京都文京区本郷の東大赤門近くに、日本の1号店をオープンさせた。

そして9月24日にオープンした2号店が、カフェ激戦地で知られる東京・池袋だった。重ねて言うが、「ガチ中華街」の入り口である。「ガチ中華」を堪能《たんのう》した在日の中国人たちが、「ちょっとコーヒーでも飲もうか」と立ち寄ったり、テイクアウトした

カップにも紙袋にも「EVERYDAY COTTI」と書かれ、フタが精巧にできている

りするのにもってこいの場所なのだ。

「ガチ中華カフェ」の底力

話を戻すと、秋晴れの日曜日の昼間の「庫迪咖啡」。30分近くも並んで、ようやく私が注文する番になった。

店員「您要等着《ニンヤオダンジャ》至少《ジーシャオ》60《リウシー》分鐘《フンジョン》、可以嗎《クーイーマ》？」（少なくとも60分以上お待たせしますが、よろしいですか？）

私「什麼《シェンマ》？ 至少《ジーシャオ》60《リウシー》分鐘《フンジョン》!?」（何だって？ 少なくとも60分以上!?）

横では、まるで朝の山手線のラッシュのように、中国人の若者たちがぎゅうぎゅう詰めになって、注文した商品ができあがるのを待っていた。その光景に恐れをなした私は、「那改日再来吧《ナーガイリーザイライバ》」（では日を改めてまた来ます）と言って、ほうほうのていで店を後にしたのだった。

それから約2ヵ月間、私は「庫迪咖啡」を避けていた。時折、店の前を通り過ぎることはあったが、いつでもスタバの2倍くらい長い中国人客の行列を横目で見て、並ぶ気がしなかったのだ。

それが、もう師走も近づいたある日の晩、行列ができていなかった。自然と足が向いて、マスクの奥で笑顔を見せる女性店員と、カウンター越しに目を合わせた。

「你們最受《ニーメンズイショウ》歡迎《ホアンイン》的《ダ》是什麼《シーシェンマ》？」（ここの一番の人気商品は何ですか？）

「生椰拿鉄《シェンイエナーティエ》吧《バ》」（それはココナッツラテでしょう）

「那要一杯《ナーヤオイーベイ》、涼的《リアンダ》」（ではそれを、アイスで）

「有糖《ヨウタン》、無糖《ウータン》？　或者半糖《フォジャバンタン》？　我推薦半糖《ウォートゥイジエンバンタン》」（砂糖はあり、なし？　それともハーフ？　ハーフがおすすめですが）

「那要半糖的吧《ナーヤオバンタンダバ》」（ではハーフのを）

こんな調子である。

ついでに、ホットコーヒーも頼んだ。こちらは「**美式中烘果香《メイシーチョンホングオシアン》**」（**アメリカーノ中煎り果物の香り**）、「**美式深烘焦香《シェンホンジアオシアン》**」（アメリカーノ深煎り芳ばしい香り）、「**加濃《ジアノン》美式中烘果香**」（**濃厚アメリカーノ中煎り果物の香り**）、「加濃美式深烘焦香」（濃厚アメリカーノ深煎り芳ばしい香り）の4種類。私は最後のものを頼んだ。

2階へ上がり、中国人の若者たちに交じって、窓際の片隅に着席。まずはホットコーヒーを啜ってみる。

「スタバよりすっきりした味」――6年前、前述のように初めて「瑞幸咖啡」を口にした時と同じ感想を持った。

私見では、以前のスタバのコーヒーは、いまのものより旨かった気がする。もしかしたら、コーヒー豆やその輸送代、人件費や光熱費などが高騰して、もはや廉価《れんか》で以前のレベルを保つのが難しくなっているのかもしれない。その意味で「庫迪咖啡」は、以前のスタバの味を髣髴《ほうふつ》させた。

コーヒーカップのフタも、完全にスタバの上を行っていた。まるでワイシャツのボタンのように、開けては啜り、飲んでは閉められるよう精巧にできているのだ。

ココナッツラテの味も絶妙で、一度飲んだらまた飲みたくなる旨さ。若者ならなおさら癖《くせ》になるだろう。

中国ではここ10年ほど、台湾式の多種多様な奶茶《ナイチャ》（ミルクティー）のブームが起こり、それに触発されるようにカフェのメニューも多様化した。東京の「庫迪咖啡」でも、計48種類ものメニューを並べていた。

いやはや、「ガチ中華カフェ」恐るべし！

1996年の日本が、スタバという「黒船カフェ到来元年」なら、2023年は「紅船カフェ到来元年」と、後世に言われるかもしれない。

庫迪咖啡 COTTI COFFEE ◆東京都豊島区西池袋1-18-10

おわりに

いまの中国政府に苦言を呈する声はしばしば耳にするが、中華料理が嫌いだという日本人には、とんとお目にかかったことがない。「3大珍味」と言われるフカヒレ、アワビ、ツバメの巣のような高級食材はもとより、私たちが日常食べているラーメン、餃子、チャーハンなども、広い意味では「中華料理」だ。

まさに、「食在中国《シーザイチョングオ》」（食は中国にあり）。だがいまや、「食在東京《シーザイトンジン》」（食は東京にあり）なのである。

それは、本書で紹介したように、「本場そのものの中華」＝「ガチ中華」（ガチンコ中華）が、東京で台頭しているからだ。中国では日本の26倍の国土で、56民族14億人が日々食生活を送っている。そんな彼らのフード・エッセンスが詰め込まれた「東京ガチ中華」の威力・魅力・魔力を、存分に堪能していただけたと思う。

思うに昨今、東京で「ガチ中華」が隆盛している背景には、主に4つの事情がある。

第一に、約3年続いた新型コロナウイルスの蔓延によって、東京都内の盛り場のネオンが消えていったことである。周知のように、居酒屋やバーなどが、次々に店を畳んでいった。

だが、「ガチ中華」はめげなかった。なぜなら、多くの中国人客は酒に無関心なので、「アルコール禁止」「20時閉店」でも影響ないのである。それどころか、繁華街の貸店舗の家賃が一時的に安くなり、「ガチ中華」の新規出店には追い風となった。

第二に、やはりコロナ禍によって、在日中国人が、本国に戻れなくなったことだ。これまでは社会人なら春節（旧正月）や中秋節（旧盆）に、留学生なら春・夏休みなどに帰国していたのが、かなわなくなった。そのため、東京で「故郷の味」を食べたくなったのだ。需要のある「市場」で、チャイナマネーが黙っているはずもない。

第三に、東京の景気が急回復していることだ。2024年2月に日経平均株価が「バブル期」（1989年12月）を超えたことが話題を呼んだが、当時は東京に、多くのレストランがきらびやかにオープンしていたものだ。それらはフレンチやイタリアン、スパニッシュなどが主流だったが、今回は堂々と「ガチ中華」も加わっている。

第四に、逆に中国国内の経済が悪化していることだ。それによって、ビジネスパーソンから留学生、「厨師《チューシー》」（コック）に至るまで、日本へやって来る中国人が増えている。中国人観光客は減っても、観光客が食べたいのは日本食なので、「ガチ中華」は影響されない。

かくして、都内の「ガチ中華店」は日増しに増え、いまやその流れは大阪、京都、福岡……と全国に広がりつつある。そして私も、「あのガチ中華店が旨い」と伝え聞くと、万難を排して出没する。人気漫画『孤独のグルメ』の如く……。

本書は、私が所属する講談社「現代ビジネス」の連載がもとになって生まれた。「ガチ中華」の連載を勧めてくれたのは、「ブルーバックス」編集部の青木肇編集長だ。「旨い本場の中華の店はないですか？」と聞きにくるたびに、私が「ガチ中華談義」

をぶっていたら、「いっそ連載してては？」となったのだ。

その流れで、忙しい編集長職の合間に、書籍の編集担当もしてもらった。私が2012年まで駐在員をしていた北京から戻って以降、実に5冊目の担当作品となる。青木編集長と李迎躍氏に感謝申し上げたい。

日中関係が一向に改善されない中、「ガチ中華」を挟んだ草の根の日中交流が進んでいくことを願っている。

さあ、書を捨てて「ガチ中華」を食べに街へ出よう！

近藤大介

本書はウェブサイト連載「近藤大介『ガチ中華の旅』」に掲載された記事を大幅に加筆修整したものです。情報は取材当時のもので、写真はほぼすべて著者が撮影しました。

近藤大介　こんどう・だいすけ

1965年生まれ。埼玉県立浦和高校、東京大学卒。国際情報学修士。講談社入社後、北京大学に留学し、中国、朝鮮半島を中心とする東アジア取材をライフワークとする。講談社北京副社長を経て、講談社『現代ビジネス』編集次長、コラムニスト。『現代ビジネス』の連載コラム「北京のランダム・ウォーカー」は720回を超え、日本で最も読まれる中国関連コラムとして知られる。2008年より明治大学国際日本学部講師（東アジア国際関係論）も兼任。2019年に『ファーウェイと米中5G戦争』（講談社＋α新書）で国際アジア共同体学会岡倉天心記念賞最優秀賞を受賞。『ふしぎな中国』（講談社現代新書）他関連図書は35冊に上る。

進撃《しんげき》の「ガチ中華《ちゅうか》」

中国《ちゅうごく》を超《こ》えた？　激《げき》ウマ中華料理《ちゅうかりょうり》店《てん》・探訪《たんぼう》記《き》

2024年4月30日　第1刷発行

著者　近藤大介《こんどうだいすけ》

発行者　森田浩章

発行所　株式会社 講談社

〒112-8001

東京都文京区音羽2-12-21

電話　編集 03-5395-3524

販売 03-5395-4415

業務 03-5395-3615

印刷所　株式会社 KPSプロダクツ

製本所　株式会社 国宝社

定価はカバーに表示してあります。落丁本・乱丁本は、購入書店名を明記のうえ、
小社業務あてにお送りください。送料小社負担にてお取り替えいたします。

なお、この本についてのお問い合わせは、第一事業局学芸第二出版部あてにお願いいたします。

本書のコピー、スキャン、デジタル化等の無断複製は著作権法上での例外を除き禁じられています。

本書を代行業者等の第三者に依頼してスキャンやデジタル化することは
たとえ個人や家庭内の利用でも著作権法違反です。

複写は、事前に日本複製権センター（電話03-6809-1281）の許諾が必要です。

Ⓡ〈日本複製権センター委託出版物〉

©Daisuke Kondo 2024, Printed in Japan

ISBN978-4-06-535638-8

KODANSHA